KB142886

옛 어른의 가르침이 담겨 있는

故事成語 사전

教學社 出版部 編

教學社

처음에

한자 넉 자로 된 말은 간결한 표현으로도 정리된 생각이나 감정을 잘 나타낸다. 이른바 '넉자 숙어'로서 우리의 일상 생활에 널리 쓰이고 있다.

'넉자 숙어' 중에, 특히 '넉자 성어'는 한자의 나라·말의 나라인 중국에서 태어나, 중국의 성어(成語)의 대부분을 차지하고 있다. 그 말들은, 중국의 고대 우화·시문·사서·병서 등과 공자·맹자·노자·장자·주자 등 사상가의 저서나 언설(言說)에 수없이 많이 보인다.

또, 특정한 옛일에서 태어난 '고사 성어'도 많은데, 그 말들은 그 교훈에서 이끌어 낸 것과 의미에서 파생된 특별한 의미를 가지게 된 것도 적지 않다.

해설은, 각각 그 말의, 되도록 본디의 의미를 거슬러 올라가 설명하였고, '고사 성어'는 그 유래와 함께 그것에서 파생된 의미도 밝히어, 이해를 도왔다.

배열은 ㄱ, ㄴ순으로 하고, 출전을 밝혔다. 出典은 出典, 同은 같은 말, 類는 비슷한 말, 反은 반대말, → 는 가 보라는 뜻이다.

1992년 11월　편　　자

가가 대소 (呵呵大笑)

대단히 우스워서 껄껄 크게 웃음. 또, 하도 기가 막혀서 크게 웃음.

가계 야목 (家鷄野鶩)

일상 흔한 것을 싫어하고 새로운 것, 진기한 것을 좋아함의 비유. '野鶩'은 물오리. 出典 蘇軾〈王子敬帖詩〉

가고 가하 (可高可下)

어진 사람은 지위의 높고 낮음을 가리지 않음. 또, 어떤 지위를 택하지 않음.

가급 인족 (家給人足)

집집마다 넉넉하고, 사람마다 풍족함. 곧, 살기가 좋고 부족함이 없는 평화스런 세상을 이름. 出典 漢書 貢禹傳

가담 항설 (街談巷說)

길거리나 항간에서 떠돌아다니는 소문. 同 가담 항어 (街談巷語). 出典 曹植〈與楊修書〉

가렴 주구 (苛斂誅求)

가혹하게 세금을 거두고 무리하게 재물을 빼앗음. 出典 舊唐書 穆宗紀

가릉 빈가 (迦陵頻伽)

극락 정토에 산다는 상상의 새. 목소리가 아름답고, 상반신은 미녀, 하반신은 새의 모습이라 함. 음악의 신이라는 긴나라 (緊那羅) 조차도 그 소리에는 미치지 못한다 함. 또, 좋은 목소리의 비유.

가무 담석 (家無儋石)

집에 곡식 여축이 없음. '儋'은 쌀 두 섬, '石'은 쌀 한 섬을 이름.

가서 만금 (家書萬金)

다른 나라에 살거나, 객지에 있을 때는 고향의 가족이 보낸 편지가 무엇보다도 반가워 그 편지의 값이 일만 냥의 황금에 해당한다는 뜻. 出典 杜甫〈春望詩〉

가석 신명 (可惜身命)

몸과 목숨을 소중히 함을 이름. 反 불석 신명 (不惜身命).

가신 영월 (嘉辰令月)

좋은 때 좋은 달. 곧, 기쁘고

경사스러운 일이 있는 날.

가인 박명 (佳人薄命)

여자의 용모가 너무 빼어나면 운명이 기박함. 가인 (佳人) 임금과 같이 귀한 사람을 가리키는 경우도 있으나 일반적으로는 용모가 아름다운 여자를 일컬음. 出典 蘇軾〈薄命佳人詩〉

가정 맹호 (苛政猛虎)

지나치게 엄하고 잔혹한 정치는, 범에게 먹히는 무서움이나 괴로움보다도 훨씬 참혹하다는 뜻. 出典 禮記, 孔子家語

가지 기도 (加持祈禱)

가지와 기도. 병이나 재앙을 면하려고 신불에게 기도하는 일.

각고 면려 (刻苦勉勵)

온갖 고생을 이겨 내면서 열심히 노력함. 괴로움을 거듭하여 애써 힘씀.

각골 난망 (刻骨難忘)

남에게 입은 은혜가 마음속 깊이 새겨져 잊혀지지 아니함. 곧, 입은 은혜를 잊어서는 아니됨. 同 백골 난망 (白骨難忘).

각주 구검 (刻舟求劍)

시세에 어둡고 변통성이 없음의 비유. 옛날 초나라 사람이 배를 타고 가다가 칼을 물 속에 떨어뜨리고는 그 뱃전에 표를 해 두었다가, 배가 나루에 닿은 뒤에 표해 놓은 뱃전 밑 물 속에 들어가 칼을 찾더라는 옛일에서 온 말. 出典 呂氏春秋 察今篇

각하 조고 (脚下照顧)

자기에게 가장 가깝고 친할수록에 조심하는 것. 出典 杜甫〈驄馬行〉

각화 무염 (刻畫無鹽)

비교할 수 없는 유(類)에다 비유함. 못생긴 여자는 아무리 화장을 하여도 서시(西施) 같은 미인이 될 수 없음. '無鹽'은 고대 중국의 대표적인 추녀. '刻畫'는 본떠서 단장을 하는 일. 진(晋)나라 주의(周顗)가 풍류로 자부하였는데 어떤 사람이 악광(樂廣)의 풍류에 비유했다. 그러자 주의는 "어찌 무염 같은 추녀를 서시 같은 미녀에게 비교할 수 있는가?" 하였다. 出典 晋書 周顗傳

간간 악악 (侃侃諤諤)

사람됨이 강직하여 옳다고 믿는 바를 주저 않고 직언함. '侃侃'은 굳셈, '諤諤'은 곧은 말을 함. 同 훤훤 효효 (喧喧囂囂). 出典 史記 商君傳

간난 신고 (艱難辛苦)

어려운 일이나 고통스러운 일

을 당하여 괴로워하고 고민함.
몸과 마음을 괴롭힘.

간녕 사지 (奸佞邪智)

마음이 비뚤어져 나쁜 지혜가
발동함.

간담 상조 (肝膽相照)

간과 쓸개를 서로 보인다는
뜻으로, 서로의 마음을 터놓고
격의 없이 사귐을 일컫는 말.
[出典] 韓愈 〈柳子厚墓誌銘〉

간담 초월 (肝膽楚越)

억지로 차별을 지어 보면, 간
과 담이 서로 가까이 있는데도,
초나라 월나라만큼이나 사이가
먼 것처럼 보임.

간두지세 (竿頭之勢)

대막대기 맨 끝에 선 것과 같
은 형세라는 뜻으로, 아주 위태
로운 상황의 비유.

간목 수생 (乾木水生)

마른 나무에서 물이 난다는
뜻으로, 이치에 맞지 않음.

갈이천정 (渴而穿井)

목이 마른 때에야 비로소 우
물을 팜. 곧, 미리 갖추지 않고
있다가 일을 당한 뒤에는 이미
때가 늦었음의 비유. [同] 임갈굴
정 (臨渴掘井).

감가 불우 (轗軻不遇)

때를 만나지 못하여 뜻을 이
루지 못함.

감개 무량 (感慨無量)

마음속 깊이 사무치는 느낌이
헤아릴 수 없을 만큼 큰 모양.

감언 이설 (甘言利說)

남의 비위에 맞도록 꾸민 달
콤한 말과 이로운 조건을 내세
워 꾀는 말.

갑론 을박 (甲論乙駁)

갑이 논하면 을이 반박하듯
이, 서로 논하고 반박하여 결론
을 짓지 못함.

강기 숙정 (綱紀肅正)

규율을 갖추고, 부정을 경계
하여 바르게 함. '綱紀'는 국가
를 다스리는 큰 법과 세칙 (細
則)을 말함.

강안 여자 (强顔女子)

낯가죽이 두꺼운 여자. 부끄
러움을 모르는 철면피 여성.

강의 과단 (剛毅果斷)

의지가 강하여 일을 딱 잘라
처리함.

강의 목눌 (剛毅木訥)

의지가 굳고 기력이 있어서,
무슨 일에도 굴하지 않음. 꿋꿋
하여 꾸밈이 없음. [出典] 論語
子路篇

개관 사정 (蓋棺事定)

관 뚜껑을 덮고 난 뒤에야 비로소 안다는 뜻으로, 사람은 죽고 난 뒤에야 올바르고 정당한 평가를 할 수 있다는 말. 出典 杜甫〈詠懷詩〉

개물 성무 (開物成務)

점을 쳐서 길흉을 판단하고, 그것에 의해서 사업을 성공시킴. 出典 易經 繫辭上篇

개수 일촉 (鎧袖一觸)

갑옷의 소매만 스쳐서 상대를 지게 함. 곧, 쉽게 상대를 물리친다는 뜻.

거안 제미 (擧案齊眉)

밥상을 눈 높이로 받들어 올린다는 뜻으로, 아내가 남편을 지극히 공경함을 이름. 出典 後漢書 梁鴻傳

거재 두량 (車載斗量)

수레에 싣고 말로 됨. 곧, 수가 대단히 많음. 또는 수는 많으나 모두 평범함의 비유. 出典 三國志 吳志 吳主 權傳注

거조 진퇴 (擧措進退)

행동거지와 일에 나아감과 물러섬.

거천 제섭 (巨川濟涉)

큰 강을 건넘. 왕이 신하에게, 만약 내가 개천을 건널 때에는, 네가 배의 키잡이 구실을 하라고 했다는 옛일에서, 왕이 신하의 협력을 얻어서 정치를 함의 비유. 出典 書經 說命一篇

건건 비궁 (蹇蹇匪躬)

자기의 이해 따위는 관계없이, 임금에게 충성을 다함. '蹇蹇'은 고민하는 모양. '躬'은 자기 자신. 出典 易經 蹇卦

건곤 일척 (乾坤一擲)

흥하느냐 망하느냐, 성공하느냐 파멸하느냐의 운명을 하늘에 맡기고 큰 일의 성패나 승부를 겨룸. 出典 韓愈〈過鴻溝詩〉

건순 노치 (乾脣露齒)

윗입술이 위로 치들려서 이가 드러나 보임.

격물 치지 (格物致知)

천하의 사물에 갖추어 있는 이치를 캐어 앎에 이르러, 자기의 지식을 얻음. 사물은 외계의 사물이 아니라, 자기의 뜻이 있는 곳, 마음이 쏠리는 대상으로, 그 부정을 바로잡음으로써 양지(良知)를 얻는다고 했음. 전자는 주지주의(主知主義), 후자는 사람의 마음의 작용을 중시하는 유심주의(唯心主義) 임. 出典 大學 八條目

격생 즉망 (隔生則忘)

보통 사람은 이 세상에 다시

태어날 때에는, 전세의 일을 모두 잊어버림.

격화 소양 (隔靴搔痒)

신발을 신은 채, 발바닥 가려운 데를 긁는다는 뜻으로, 어떤 일을 할 때 사물의 핵심에 닿지 않고 겉돌기만 하여 초조함의 비유. 出典 續傳燈錄

견갑 이병 (堅甲利兵)

견고한 갑옷과 날카로운 병기. 곧 강한 군대. 出典 孟子 梁惠王上篇

견강 부회 (牽強附會)

이치에 맞지 않는 것을 자기에게 이롭도록 억지로 까닭을 붙임.

견개 고고 (狷介孤高)

자기의 의지를 굳게 가지고, 속인에게서 멀리 떨어져 품격을 지킴.

견개 고루 (狷介固陋)

견문이 좁아, 옛것에만 달라붙어 외고집임. 곧 자기의 뜻을 굳게 지켜 남과 타협하지 않으면서, 옛것에 집착하여 완고함. 同 완미 고루 (頑迷固陋).

견뢰 지신 (堅牢地神)

대지 (大地)를 관리하는 신. 대지가 만물을 받치고 견고 부동하는 데서 견뢰라 함.

견마 곡격 (肩摩轂擊)

사람의 어깨와 어깨가 서로 스치고, 수레의 바퀴통과 바퀴통이 서로 부딪친다는 뜻으로 사람이나 수레가 혼잡을 이룸을 이름. 出典 戰國策 齊策

견마지로 (犬馬之勞)

주인이나 남을 위해 힘써 일하는 것을 겸손하게 이르는 말. 개나 말이 주인을 위해 일하여, 힘을 다하는 데서 온 말. 出典 三國志演義

견마지양 (犬馬之養)

개나 말을 기르는 것과 같은 봉양. 단지 어버이를 부양할 뿐 공경하는 마음이 없음의 비유.

견문 발검 (見蚊拔劍)

모기를 보고 칼을 뽑음. 곧 하찮은 일에 허둥지둥 덤비는 사람을 경계하여 이르는 말.

견물 생심 (見物生心)

물건을 보면 가지고 싶은 욕심이 생김.

견백 동이 (堅白同異)

중국 전국 시대에 공손룡 (公孫龍)이 말한 일종의 궤변. 단단하고 하얀 돌은 둘이지 하나가 아니다. 왜냐하면, 눈으로 볼 때 하얗다는 것은 알지만, 단단하다는 것은 모른다. 또 손으로 만졌을 때는 단단하다는 것은 알지만, 하얗다는 것은 모른다. 그러므로 堅과 白은 동시에 성립되지 않으므로, 같은 것이 아니라는 주장. 同 견석 백마(堅石白馬). 出典 資治通鑑

견인 불발 (堅忍不拔)
참고 견디어, 참을성이 있어 흔들리지 않음. 곧 강한 의지. 出典 蘇軾〈鼂錯論〉

결가부좌 (結跏趺坐)
책상다리를 하고 앉는 법의 한 가지. 오른발을 왼쪽 넓적다리 위에 얹어 놓은 다음에, 왼발을 오른쪽 다리 위에 올려놓는 항마좌(降魔座)와 그 반대인 길상좌(吉祥座)의 두 가지가 있음.

결연 관정 (結緣灌頂)
꽃을 만다라 위에 던지게 하여 맞은 제존불과 인연을 맺게 하여, 비법을 가르쳐 줌. '灌頂'은 고승에게서 법을 받는 의식을 말함.

결초 보은 (結草報恩)
죽어 혼령이 되어서도 입은 은혜를 잊지 않고 갚음. 出典 春秋左氏傳 宣公 十五年

경거 망동 (輕擧妄動)
경솔하고 망령된 행동.

경구 비마 (輕裘肥馬)

가벼운 가죽옷과 살진 말. 부귀한 사람이 외출할 때의 복장. 곧 부귀한 사람을 이름. 出典 論語 雍也篇

경국 대업 (經國大業)
훌륭한 문장이나 저작을 칭찬하는 말. 또 국가를 다스리는 큰 일. 出典 魏文帝典論

경국지색 (傾國之色)
한 나라를 기울게 할 정도의 미인이라는 뜻으로 뛰어나게 아름다운 여인의 비유. 出典 漢書 李夫人傳

경낙 과신 (輕諾寡信)
무슨 일이든지 가볍게 떠맡는 자는 신용할 수 없음. 出典 老子 第64章

경성 경국 (傾城傾國)
군주가 흠뻑 빠져서 나라와 성이 무너져도 돌보지 않을 만큼의 요염한 미녀. 出典 漢書 哀帝紀

경세 제민 (經世濟民)
세상을 다스리고, 백성을 구제함. 경제(經濟)는 준말.

경음 마식 (鯨飮馬食)
고래가 물을 먹듯이 술을 많이 마시고, 말이 먹듯이 음식을 많이 먹음의 비유. 同 우음 마식(牛飮馬食).

경이원지 (敬而遠之)

　존경하되 가까이 하지 않음.
　[出典] 論語 雍也篇

경조 부박 (輕佻浮薄)

　언행이 경솔하고 신중하지 못함.

경지 전단 (瓊枝栴檀)

　고운 옥과 향나무. 곧 덕을 갖춘 사람. 또 잘 지은 시나 글의 비유.

경천 동지 (驚天動地)

　하늘을 놀래고 땅을 흔들어 움직이게 한다는 데서, 세상을 크게 놀라게 함을 이름. [出典] 白居易 〈李白墓詩〉

경천 애인 (敬天愛人)

　하늘을 숭배하여 받들고, 사람을 사랑함.

경화 수월 (鏡花水月)

　거울에 비친 꽃과 물에 비친 달. 눈에는 보이지만 손에 잡히지 않는 것의 비유. 또 형상으로는 파악할 수 없고 다만 느끼거나 깨닫거나 하여 파악되는 사물의 비유.

계견 상문 (鷄犬相聞)

　인가에서 기르는 닭과 개의 소리가 여기저기서 들려 옴. 곧 인가가 잇달아 있음의 비유. [出典] 老子 第80章

계구 우후 (鷄口牛後)

　닭을 작은 집단, 소를 큰 집단에 비유하여, 큰 단체에서 꼴찌보다는 작은 단체에서 우두머리가 되라는 가르침. [出典] 戰國策 韓策

계군 일학 (鷄群一鶴)

　닭의 무리 속의 학 한 마리. 많은 평범한 사람 중에 뛰어난 사람이 한 사람 섞여 있음의 비유. [出典] 晋書 嵇紹傳

계림 일지 (桂林一枝)

　곤산(崑山)의 계수나무 숲에서 나는 보석 한 조각. 겨우 출세함의 비유. 또 과거에 합격함의 비유. [出典] 晋書 郤詵傳

계명 구도 (鷄鳴狗盜)

　닭이 우는 소리를 내어 사람을 속이고, 개의 흉내를 내며 몰래 남의 물건을 훔치는 비열한 자의 비유. 진(秦)나라 소왕(昭王)에게 붙잡힌 제(齊)나라의 맹상군(孟嘗君)이 이미 왕에게 선물한 여우 모피를 개의 흉내를 잘 내는 자를 시켜 훔쳐 내게 했다. 이것을 소왕의 처에게 바치고 가로채어, 함곡관(函谷關)까지 달아났으나 거기에는 첫닭이 울기 전에는 성문을 열어 사람을 보내지 않는 규칙이 있었다. 그래서 닭 우는 흉내를 잘 내는 자에게 닭 우는 소리를 내게 하여 성문이 열리

자 거뜬히 탈출할 수 있었다는 옛일. 出典 史記 孟嘗君傳

계명지조 (鷄鳴之助)
내조의 공을 이름. '鷄鳴'은 닭이 우는 이른 아침. 군주가 국정을 게을리하지 않도록 그 비(妃)가 "신하는 모두 닭이 울 때 일어나서 일하고 있다"고 말해, 군주를 일찍 일어나게 했다는 고사.

계옥지간 (桂玉之艱)
땔나무가 계수나무보다 비싸고, 음식이 보석보다 비싸서, 생활하기 어려워 고생함. 물가가 높은 곳에서 생활하느라 고생함의 비유. 出典 戰國策 楚策

계전 만리 (階前萬里)
먼데서 일어난 일도 눈앞의 일처럼 지방 정치의 잘잘못을 임금이 다 알고 있어서, 신하가 속일 수 없음을 이름. 出典 唐書 宣帝紀

고가 방음 (高歌放吟)
큰 소리로 노래함.

고굉지신 (股肱之臣)
임금의 손발이 되어 일하는 가장 믿고 의지할 수 있는 신하. 出典 書經 益稷篇

고군 분투 (孤軍奮鬪)
지원군 없이 고립한 군대가

목숨을 걸고 용감히 싸움. 또 원조도 없는 중에 혼자서 죽기를 작정하고 힘씀.

고금 독보 (古今獨步)
고금을 통하여 그와 비교할 사람이 없이 뛰어남.

고금 동서 (古今東西)
모든 때와 모든 지역을 통틀어 일컫는 말.

고금 무쌍 (古今無雙)
옛부터 지금까지 서로 견줄 만한 짝이 없음.

고량 자제 (膏粱子弟)
좋은 음식만 먹고 자라 고생을 모르는 젊은이, 또는 부유한 가정의 어린이. 出典 孟子 告子上篇

고론 탁설 (高論卓說)
견식이 뛰어난 논설이나 훌륭한 의견.

고립 무원 (孤立無援)
행동을 함께 하는 동아리도 없고, 아무런 원조도 얻지 못하여 다만 홀로임.

고목 사회 (槁木死灰)
몸은 말라 죽은 나무 같고, 마음은 재가 됨. 몸과 마음에 생기가 없고 의욕이 없는 자의 비유. 出典 莊子 齊物論

고목 한암 (枯木寒巖)

마른 나무와 차가운 바위. 곧
세속을 떠난 무심함의 비유.

고무 격려 (鼓舞激勵)

용기와 의욕을 북돋우어 줌.

고발 낙조 (苦髮樂爪)

고생만 하고 있으면 머리털이
빨리 자라고, 편안하면 손톱이
빨리 자란다는 뜻. 同 낙발 고
조 (樂髮苦爪).

고복 격양 (鼓腹擊壤)

중국 요제 (堯帝) 때, 한 노
인이 배불리 먹고서, 배를 두드
리고 땅을 두드리며 태평한 세
상과 요제의 덕을 기렸다는 옛
일에서, 좋은 정치가 이루어져
백성이 평화를 즐기는 상태.
出典 十八史略 堯帝篇

고사 내력 (故事來歷)

전해 오는 사물에 대한 이유
나 역사. 또 사물이 그렇게 된
선례나 이유.

고산 유수 (高山流水)

높은 산에서 흐르는 물. 맑은
천지 자연을 형용하는 말. 또는
아주 미묘한 음악의 비유. 특히
거문고 소리를 이름.

고색 창연 (古色蒼然)

오래 된 옛날의 풍치가 그윽
함. 出典 五雜俎.

고성 낙일 (孤城落日)

원군이 없는 성과 서쪽으로
지는 해라는 뜻으로, 세력이 약
해져서 매우 쓸쓸한 상태의 비
유. 出典 王維〈送韋評事詩〉

고심 참담 (苦心慘憺)

여러 가지로 마음을 괴롭히고
몹시 고생함.

고영 초연 (孤影悄然)

홀로 서 있는 외롭고 쓸쓸한
모습.

고왕 금래 (古往今來)

옛부터 지금에 이르기까지.
出典 文選〈西征賦〉

고육지계 (苦肉之計)

자기의 몸을 괴롭혀서까지 적
을 속이려는 계략. 곧 너무도
괴로워 손해를 각오하고 생각해
낸 책략. 出典 三國志演義

고인 조박 (古人糟粕)

성인 (聖人)의 길은 말로는
다 할 수 없는 것이므로, 현재
서적으로 남아 있는 성인의 말
씀은 옛사람이 마시고 남긴 술
찌꺼기 같은 것에 지나지 않는
다는 뜻에서, 성인의 말씀, 또
그 지은 책. '糟粕'은 술의 찌꺼
기. 出典 莊子 天道

고장 난명 (孤掌難鳴)

한쪽 손바닥을 쳐서는 소리가

나지 않는다는 뜻으로, 무엇이든지 상대가 없으면 혼자서는 싸우거나 일하기 어려움을 이름.

고재 질족 (高才疾足)
뛰어난 재능과 수완이 있는 사람.

곡돌 사신 (曲突徙薪)
굴뚝을 구부리고 땔나무를 다른 곳으로 옮겨 화재를 예방함. 재앙을 미연에 방지함. 出典 漢書 霍光傳

곡삭 희양 (告朔餼羊)
전해 오는 습속이 비록 실질적인 의의를 잃어 허례(虛禮)가 된다 하더라도 해롭지 않다면 함부로 폐지해서는 안 됨의 비유. 또 그 알맹이는 잃고 형식만이 남음의 비유. '告朔'은 중국에서 제후가 천자(天子)에게서 받은 달력을 선조의 사당에 바치고, 다달이 초하룻날 양을 바치어 그 날이 초하루임을 아뢰는 의식. '餼羊'은 곡삭 의식에 산 채로 바치는 양. 出典 論語 八佾篇

곡학 아세 (曲學阿世)
도리를 어기고 진리를 잘못 이해한 학문으로 시세나 권력에 아부함. 出典 史記 儒林傳

곤고 결핍 (困苦缺乏)

물자의 부족 등에서 오는 곤란한 상태에서 고생함.

골계 쇄탈 (滑稽洒脫)
기지가 넘치는 언동으로 융통성이 있으며, 세련되고 말쑥하여 속기가 없음. 出典 史記 滑稽傳

골육 상련 (骨肉相連)
떼어내기 어려운 뼈와 살, 그 불가분의 관계인 육친, 혈연의 관계의 유대. 同 골육지친(骨肉之親).

골육 상식 (骨肉相食)
→골육 상쟁.

골육 상잔 (骨肉相殘)
→골육 상쟁.

골육 상쟁 (骨肉相爭)
어버이와 자식·형제 자매 등 혈연 관계에 있는 자끼리, 추하게 다투는 것. 육친간의 도리에 어긋난 다툼질.

골육지친 (骨肉之親)
→골육 상련.

공곡 족음 (空谷足音)
인기척이 없는 쓸쓸한 골짜기에서, 어쩌다 사람의 발소리를 듣는다는 뜻으로, 전연 예기치 않았던 기쁨이나 고립 무원의 처지일 때, 뜻하지 않은 동정자

를 얻은 기쁨 따위의 비유. 出典
莊子 徐无鬼

공공 근언 (恐恐謹言)
　두려워하면서 삼가 아뢴다는
뜻으로, 편지 따위의 끝에 경의
를 나타내어 쓰는 말.

공공 막막 (空空漠漠)
　내용이 공허하여 아무것도 없
는 모양. 넓고 끝이 없는 모양.
또는 뚜렷하지 않아 막연한 모
양.

공공 적적 (空空寂寂)
　우주의 만물은 실체가 없고,
일체가 허무하다는 뜻.

공리 공론 (空理空論)
　사실에 맞지 않는 이론과 실
제에 동떨어진 실행 불가능한
논의.

공손 포피 (公孫布被)
　위선으로 하는 검약 (儉約).
전한 시대, 공손홍이라는 인물
은 높은 지위에 있으면서 서민
과 같은 옷을 입어, 위선자라는
비난을 받은 고사.

공수 방관 (拱手傍觀)
　→수수 방관.

공전 절후 (空前絕後)
　과거에 견줄 만한 사물이 없
고, 또 앞으로, 장래에도 일어날

것 같지 않다고 생각되는 것.
대단히 드문 일의 비유.

공존 공영 (共存共榮)
　서로 도와 생존하고, 함께 번
영하는 것. 反 불구 대천 (不具
戴天). 약육 강식 (弱肉強食).

공중 누각 (空中樓閣)
　공중에 지은 다락집처럼, 전
연 근거가 없는 가공의 사물.
또 신기루 (蜃氣樓). 出典 沈括
〈夢溪筆談〉

공즉시색 (空卽是色)
　온갖 사물은 실태가 없는 공
이지만 그것이 바로 일체의 사
물임.

공평 무사 (公平無私)
　어느 쪽에도 치우치지 않고,
자기의 개인적인 감정이나 이익
을 떠남을 이름.

공황 근언 (恐惶謹言)
　삼가 말씀 올림. 편지 따위
끝에 써서 경의를 나타냄.

과대 망상 (誇大妄想)
　자기의 현재의 상태를 실제보
다도 크게 평가하여 자기가 남
보다 뛰어나다고 생각함.

과이불개 (過而不改)
　잘못한 줄 알면서도 고치지
않으면 그것이 또 잘못임. 出典

論語 衛靈公篇

과전 이하(瓜田李下)

남에게 의심받을 일은 애초부터 하지 않음을 이름. 오이밭에서 신발을 고쳐 신느라고 허리를 구부리면 오이를 따먹는 것 같고, 자두나무 밑에서 갓을 고쳐 쓰느라고 두 손을 들면 자두를 따먹는 것 같대서 나온 말. 出典 樂府詩集

관리 전도(冠履顚倒)

갓과 신발을 거꾸로 몸에 붙임. 뒤·앞·아래·위의 순서를 거꾸로 바꾸어 사물을 그르침의 비유. 出典 後漢書 楊賜傳

관인 대도(寬仁大度)

마음이 너그럽고 어질며, 인정이 있고 도량이 큼.

관존 민비(官尊民卑)

정부나 관리를 높이 보고, 민간인을 깔보는 일. 또 세상 일반의 그러한 생각.

관혼 상제(冠婚喪祭)

관례·혼례·상례·제례의 총칭.

괄목 상대(刮目相對)

눈을 비비고 다시 본다는 뜻으로, 남의 학식이나 재주가 갑자기 몰라보게 늘어난 데 놀라서 하는 말. 出典 三國志 吳志 呂蒙傳注

광대 무변(廣大無邊)

넓고 커서 끝이 없음. 同 광대무량(廣大無量).

광란 노도(狂瀾怒濤)

성나 미친 듯이 치밀어 오르는 거친 물결. 사물의 질서가 세차게 흐트러짐의 비유.

광언 기어(狂言綺語)

도리에 맞지 않는 말과 교묘하게 표면만을 꾸민 말. 곧 소설이나 이야기 따위를 이름.

광일 미구(曠日彌久)

헛되이 나날을 보내서 오랜 세월이 갔음. 언제까지나 하는 일 없이 지냄. 同 광일 지구(曠日持久). 出典 韓非子 說難

광채 육리(光彩陸離)

화려한 빛깔이 빛을 받아 번쩍번쩍 빛나는 모양.

광풍 제월(光風霽月)

비 그친 뒤의 삽상한 바람과 그 맑은 하늘에 뜬 밝은 달처럼 사람의 성질이 높고 밝아, 집착이 없어 시원하고 깨끗함을 이름. 出典 宋史 周敦頤傳

괴력 난신(怪力亂神)

이성(理性)으로 설명할 수 있는 범위를 넘어, 인지(人知)로 헤아릴 수 없는 것을 표현하는 말. '怪'는 불가사의, '力'은

용기 있는 강한 힘, '亂'은 도덕에 어긋나 정의를 어지럽힘. '神'은 귀신. 出典 論語 述而篇

괴문 극로(槐門棘路)
나라를 다스리는 최고 관리는 가시나무 문을 드나드는 것과 같음.

교각 살우(矯角殺牛)
뿔을 뽑으려다 소를 죽임. 작은 결점이나 흠을 고치려다가 그 수단의 도가 지나쳐, 도리어 전체를 망치는 것의 비유. 出典 玄中記

교룡 운우(蛟龍雲雨)
복종하던 영웅이나 호걸이 때를 만나 실력을 발휘하게 됨의 비유. 교룡은 중국 고대의 상상의 동물. 물 속에 잠겨, 구름과 비를 만나면, 그것을 타고 하늘에 올라가 용이 된다 함. 出典 三國志 吳志 周瑜傳

교서 소진(校書掃塵)
교정(校正)하는 일은 책상 위의 먼지를 쓸어내는 것과 같은 것으로, 아무리 되풀이해도 틀린 곳이 있다는 것. 즉, 정확한 교정은 기대하기 어렵다는 뜻.

교언 영색(巧言令色)
교언(巧言)이란 남의 비위에 거슬리지 않는 교묘한 말이요, 영색이란 좋은 얼굴빛으로, 소

인배들의 교묘한 수단과 아첨을 일컫는 말임. 出典 論語 學而篇, 陽貨篇

교주 고슬(膠柱鼓瑟)
비파나 거문고의 기러기발을 풀로 붙여 놓고 거문고를 탄다는 뜻으로, 어떤 규칙에 얽매어 조금도 변통성이 없음. 곧 고집불통의 비유. 出典 史記 藺相如傳

교지 졸속(巧遲拙速)
잘하려고 꾸물대는 것보다 못하더라도 빨리 하는 편이 낫다. 무슨 일이든지 잘했더라도 더딘 것은, 좀 못하더라도 빨리 하는 것만 못함을 이름. 出典 文章軌範

교칠지심(膠漆之心)
깊은 우정을 소중히 여기는 마음. 교칠은 아교로 붙이어 떨어지지 않는 비유, 서로 섬기는 마음. 또 사귐이 굳고 친한 것. 出典 白居易 〈與微之書〉

교토 삼굴(狡兔三窟)
교활한 토끼는 숨는 굴이 셋 있어 일단 유사시에는 셋 중의 하나에 숨는다는 뜻으로, 처세가 능하다는 말.

교화 별법(敎化別法)
경전이나 말씀에 의하지 않고 부처의 깨달음을 마음에서 마음

으로 직접 전하는 데서, 흔히는 배울 수 없는 특별한 것.

구부득고(求不得苦)
　팔고(八苦)의 하나. 구해도 그것이 뜻대로 얻어지지 않는 괴로움.

구사 일생(九死一生)
　하마터면 죽을 뻔한 위험한 상태를 벗어나서 간신히 살아 남.

구상 유취(口尙乳臭)
　입에서 아직 젖내가 난다는 뜻으로, 상대가 어리고 말과 행동이 유치함을 일컫는 말. 出典 史記 高祖紀

구수 응의(鳩首凝議)
　사람들이 모여서 이마를 맞대고 의논하는 모양. 同 구수 밀의(鳩首密議). 구수 협의(鳩首協議).

구십구절(九十九折)
　굽이굽이 여러 겹으로 꺾이어 휘어진 산길. 出典 大唐西域記 十二

구염 오속(舊染汚俗)
　옛부터 깊이 물들어 있는 나쁜 습관.

구우 일모(九牛一毛)
　많은 쇠털 중의 하나의 털.

많은 것 중의 얼마 안 되는 부분. 同 창해 일속(滄海一粟). 대해 일적(大海一滴). 出典 漢書 司馬遷傳

구이 강설(口耳講說)
　→구이지학(口耳之學).

구이 사촌(口耳四寸)
　입과 귀와의 간격이 가깝다는 뜻에서, 남에게서 들은 내용을 이해하기도 전에 남에게 옮김. 곧 자기의 몸에 붙지 않은 학문을 이름. 出典 荀子 勸學篇

구이지학(口耳之學)
　남의 학설을 그대로 외어 곧 남에게 말하는 깊이 없는 그대로 받아 옮기는 학문. 出典 荀子 勸學篇

구장 촌단(九腸寸斷)
　사람의 내장이 모두 산산조각으로 끊기고 잘릴 만큼 깊은 설움. 단장의 슬픔.

구전 이수(口傳耳受)
　입으로 전해진 것을 귀로 들음.

구절 양장(九折羊腸)
　양의 창자처럼 꼬불꼬불함. 곧 산길이 구불구불 험함을 이름.

구정 대려(九鼎大呂)

귀중한 것, 높은 지위, 명망 따위의 비유. 出典 史記 平原君傳

구태 의연(舊態依然)
옛부터의 상태가 완전히 바뀌지 않음. 이전의 상태대로 있음.

구하 삼복(九夏三伏)
여름 90일 동안에 가장 더운 초복, 중복, 말복의 기간.

구화지문(口禍之門)
입이 재앙을 불러들이는 문이 된다는 뜻으로, 말을 조심하라고 경계하는 말.

구회 일처(俱會一處)
극락 정토에 태어난 것은, 모두 한군데에서 만날 수 있다는 것.

국리 민복(國利民福)
국가의 이익과 국민의 행복.

국사 무쌍(國士無雙)
한 나라 안에서 경쟁할 만한 상대가 없다는 뜻으로 둘도 없이 뛰어난 인재를 이름. 出典 史記 淮陰侯傳

국천 척지(跼天蹐地)
높은 하늘에 머리가 닿을까봐 두려워 등을 구부리고, 단단한 땅도 패일까봐 살금살금 딛고 걸음. 몹시 두려워서 몸둘 바를

모름의 비유. 出典 詩經 小雅 正月篇

군계 일학(群鷄一鶴)
닭무리 가운데 한 마리의 학. 곧 평범한 사람들 속에 한 사람의 뛰어난 인물이 섞여 있다는 비유. 出典 晉書 嵇紹傳

군맹 평상(群盲評象)
여러 소경이 코끼리를 평함. 곧 손으로 만져 보고 저마다 만져 본 부분만을 가지고 전체를 말하듯이, 전체를 보지 못함을 이름.

군신 수어(君臣水魚)
임금과 신하의 친밀한 관계를 물과 물고기와의 관계에 비유하여 이르는 말. 類 수어지교(水魚之交).

군웅 할거(群雄割據)
전쟁으로 몹시 어지러운 시대에, 영웅들이 저마다 제 영토에서 성을 지키며, 각각 세력을 과시하고 서로 다투는 상황을 나타내는 말.

군자 삼락(君子三樂)
군자가 즐기는 세 가지 조건. 첫째는 부모가 건재하고 형제가 무고한 것. 둘째 하늘을 우러르고 땅을 굽어보아 남 앞에 부끄러운 것이 없는 것. 셋째 천하의 재주있는 젊은이를 모아 교

육하는 것. 出典 孟子 盡心篇

군자 표변(君子豹變)
혁명 사업을 성취한 군자의 공적은 표범의 털이 가을에 아름답게 변하듯이 빛남을 이름. 또 윤리적으로 유덕한 선비가 과실을 고칠 경우에는 표범의 무늬처럼 확실한 태도로 좋게 고치는 것이 좋다는 뜻. 出典 易經 革卦

궁여 일책(窮餘一策)
몹시 곤란하여 괴로워하던 끝에 생각난 한 계책. 同 궁여지책(窮餘之策).

궁조 입회(窮鳥入懷)
쫓기어 피할 장소를 잃은 새가 사람의 품안으로 뛰어든다는 뜻으로 궁지에 몰려 구해 주기를 바라는 자는 도와 주어야 한다는 비유. 出典 顔氏家訓

권권 복응(拳拳服膺)
남의 충고나 훈계 따위를 항상 마음속에 새겨 잊지 않고, 또 그것을 어기지 않으려고 노력함. '拳拳'은 두 손으로 공손하게 받듦. 出典 中庸

권모 술수(權謀術數)
교묘하게 상대를 속이는 임기응변의 꾀와 수단.

권선 징악(勸善懲惡)
선을 권하고, 형벌로써 악을 징계함.

권토 중래(捲土重來)
한 번 망한 것이 다시 세력을 회복함. '捲土'는 흙먼지를 감아올림. 곧 세력이 대단함. 出典 杜牧〈題烏江亭詩〉

귀곡 천계(貴鵠賤雞)
고니를 귀중히 여기고, 닭을 천하게 여김. 곧 먼데 것을 귀하게 여기고 흔하고 가깝게 있는 것을 천하게 여김을 이름.

귀곡 추추(鬼哭啾啾)
유령의 우는 소리가 남. 귀신이 나올 듯한 무서운 상황.

귀면 불심(鬼面佛心)
보기에는 귀신과 같은 얼굴이지만, 사실은 부처같이 순한 마음을 가지고 있는 것. 또 그런 사람.

귀명 정례(歸命頂禮)
부처에 귀의하여 머리를 땅에 대고 절함. 부처에게 진심으로 위하는 마음을 보임.

귀모 토각(龜毛兔角)
거북의 털과 토끼의 뿔이란 뜻으로 있을 수 없음을 말함.

규구 준승(規矩準繩)
사물의 기준이 되는 것. 법칙

· 모범. '規'는 원을 그리는 컴퍼스, '矩'는 네모를 그리는 곱자, '準'은 수평을 재는 수평기, '繩'은 목수나 석수장이가 곧은 금을 긋는 데 쓰는 먹통. 出典 孟子 離婁上篇

귤중지락(橘中之樂)
　좁은 곳에서 즐거움을 가짐. 바둑·장기의 재미. 또 그런 취미를 가진 사람. 중국의 파공(巴끄)에서, 옛날에 어떤 사람이 커다란 귤을 쪼개어 보니까, 그 속에서 신선 둘이 바둑을 즐기고 있었다는 옛일. 出典 幽怪錄

극기 복례(克己復禮)
　자기의 욕망을 누르고, 인간 생활의 근본인 예(禮)의 도(道)로 돌아감. 인(仁)의 정신에 대해 설한 말. 出典 論語 顏淵篇

극락 왕생(極樂往生)
　아미타불이 산다는 안락 세계, 줄여서 극락. 정토(淨土), 안양(安養), 무량 광명토(無量光明土)라고도 하여, 이 세상의 서방(西方), 십만 억토(十萬億土) 떨어진 저편에 있어, 모든 일이 원만하고, 모두 갖추어 부족함이 없으며, 괴로움이나 근심 걱정이 없는 깨끗하고 편안함만이 있다는 세계.

극락 정토(極樂淨土)
　아미타불이 사는 정토. 서방 십만 억토를 거친 곳에 있어, 괴로움과 번민이 없는 안락한 세계.

극혈지신(隙穴之臣)
　몰래 적과 내통하는 자. 임금을 몰아내려고 기회를 보는 신하. 배반자. 극혈은 틈. 出典 韓非子 用人

근검 역행(勤檢力行)
　일에 부지런하고 낭비하지 않으며 노력함.

근소 합벽(近所合壁)
　이웃집. 벽 하나 떨어져서 이웃한 집. 이웃집들.

근언 신행(謹言愼行)
　말을 삼가고 행동을 신중히 하라는 뜻.

근엄 실직(謹嚴實直)
　조심성이 많고 엄숙하고, 정직하며, 성실함.

근화 일일(槿花一日)
　근화는 무궁화. 아침에 피어서 저녁에 지는 덧없는 영화의 비유. 出典 白居易 〈放言詩〉

금강 불괴(金剛不壞)
　금강석처럼 몹시 단단하여 좀처럼 부서지지 않는 것. 불신(佛身)을 이름.

금과 옥조(金科玉條)

금이나 옥과 같이 중요한 법칙이나 규정. 곧 자기의 주의 주장을 보증할 만한 절대적인 근거. 出典 揚雄〈劇秦美新〉

금구 목설(金口木舌)

고대 중국에서 관리가 명령이나 법률을 내놓을 때, 흔들어 울리던 목탁으로, 곧 언론에 의해 사회를 지도함의 비유. 出典 論語 八佾注

금구 무결(金甌無缺)

황금으로 만든 항아리에 조금도 흠이 없듯이, 사물이 완전함. 특히 주권이 확립되어 있고 튼튼하여, 외국의 침략을 받고도 그 힘을 굽힌 일이 없는 국가를 이름. 出典 梁書 侯景傳

금란지계(金蘭之契)

금란은 친구 사이에 정의가 매우 두터운 상태. 이런 친구와의 사귐은 쇠보다 굳고, 그 아름다움은 난과 같다는 뜻으로, 마음으로부터 이해하고, 서로 믿는 친구의 교제. 곧 두터운 우정으로 맺어진 친밀한 교제의 비유. 同 금란지교(金蘭之交). 出典 易經 繫辭上

금륜 나락(金輪奈落)

땅 속 가장 깊은 곳. 이 세상을 지탱하고 있는 세 개의 바퀴라는 불교의 세계관.

금상 첨화(錦上添花)

중국 북송(北宋) 중기의 정치가로 시문(詩文)을 잘하여, 당송 팔대가의 한 사람이었던 왕안석(1021~1086)의 칠언 율시(七言律詩)에 보인 글귀. 아름다운 것 위에 또 아름다운 것을 더한다는 뜻. 出典 王安石〈卽事詩〉

금성 옥진(金聲玉振)

재지와 인덕을 조화있게 갖추고 있음의 비유. 또 인격이 대성함의 비유. 특히 공자의 완성된 인격을 찬미하는 말. 出典 孟子 萬章下篇

금성 철벽(金城鐵壁)

쇠로 쌓은 성과 쇠로 쌓은 성벽. 방비가 매우 견고한 성. 또 사물이 대단히 견고하여 치기 어려움을 아름.

금성 탕지(金城湯池)

주위에 뜨거운 물이 괸 못이 있는 대단히 튼튼한 성. 수비가 단단해서 치기 어려운 성. 出典 漢書 蒯通傳

금슬 상화(琴瑟相和)

거문고와 비파의 소리가 잘 맞아 그 음색이 훌륭하다는 데서, 부부의 사이가 좋음의 비유. 出典 詩經 小雅 常棣篇

금시 작비(今是昨非)

오늘은 바르고 어저께는 틀렸
었다는 뜻으로, 과거의 잘못을
비로소 앎을 이름. 出典 陶潛
〈歸去來辭〉

금식 조시(禽息鳥視)
　짐승이나 새처럼, 다만 먹이
를 구할 뿐, 그 밖에 아무 뜻도
가지지 않음. 또 봉록을 받을
뿐으로 아무런 도움이 되지 않
는 사람이나, 그러면서도 평생
도와 주어야 할 사람의 비유.

금심 수구(錦心繡口)
　금수(錦繡)는 비단옷, 아름다
운 옷. 풍부한 사상과 아름다운
말을 가지고, 시나 문장에 재능
이 뛰어남을 이름. 出典 柳宗元
〈乞巧文〉

금안 의락(今案意樂)
　현재의 생각을 최상이라고 여
기고 즐김. 지금의 생각을 훌륭
하다고 만족하고 즐거워함.

금의 야행(錦衣夜行)
　비단옷을 입고 밤길을 간다는
말로, 아무리 부귀 영화를 누릴
지라도 고향으로 돌아가지 않으
면, 비단옷을 입고 밤길을 가는
것과 같아서, 남이 알아주지 않
음. 出典 漢書 項籍傳

금의 옥식(錦衣玉食)
　비단옷 따위의 훌륭한 옷을
입고, 아름다운 음식만 먹음. 호

화로운 생활의 비유. 出典 宋史
李薦傳

금의 환향(錦衣還鄕)
　타향에 있다가 높은 벼슬을
하여 고향에 돌아옴.

금전 옥루(金殿玉樓)
　화려한 궁전과 누각.

금지 옥엽(金枝玉葉)
　임금의 가족·자손의 존칭. 귀
여운 자손. 出典 蕭儆亭〈太廟樂
章〉

급전 직하(急轉直下)
　일의 양상이 급히 바뀌어 곧
결론이 나옴. 정세가 급히 변하
여, 어렵다고 생각했던 문제가
즉시 해결됨.

기고 당당(旗鼓堂堂)
　군대가 정연하여 힘찬 모양.

기기 괴괴(奇奇怪怪)
　매우 이상하고 괴상함.

기기 묘묘(奇奇妙妙)
　→기기 괴괴.

기략 종횡(機略縱橫)
　그때, 그 장소의 어떠한 변화
에도 대처할 수 있는 빈틈없는
계략.

기문지학(記問之學)

다만 고서(古書)를 암기하여 남의 질문만을 기다리는데 그쳐, 조금도 활용되지 않는 학문. 충분히 자기 것이 되지 않은 학문. 出典 禮記 學記篇

기사 본말(紀事本末)

기사 본말체, 역사의 기술 방법·체재의 하나. 역사적 의의의 크기에 따라서 사건의 기술 정도를 안분하여, 한 사건마다에 그 발단과 결말을 적은 것.

기사 회생(起死回生)

멸망, 붕괴의 위기를 모면하고, 다시 본디의 좋은 상태로 돌아감. 다시 살아나게 함.

기산지절(箕山之節)

허유(許由)와 소부(巢父)가 요(堯)의 권유를 뿌리치고, 정치에 간여하지 않은 데서, 벼슬하지 않고 물러가 숨어서 절조(節操)를 지킴을 이름.

기산지지(箕山之志)

은퇴하려는 생각, 기분. 고결한 은둔의 뜻을 이름. 기산(箕山)은 중국 고대의 황제인 요(堯)가 자리를 물려주려고 한 허유(許由)와 소부(巢父)가 이를 거절하고 숨어 산 산 이름. 出典 晋書 向秀傳

기상 천외(奇想天外)

보통 사람으로서는 생각도 못할 기발한 생각이 하늘 끝에서 떨어진 듯이 갑자기 떠오름.

기승 전결(起承轉結)

한문(漢文)으로 된 시구(詩句)의 배열 명칭.

기식 엄엄(氣息奄奄)

숨이 끊어질 듯한 모양. 당장 죽을 것 같은 상태. 또 국가나 집, 사상 따위가 멸망하려는 상태의 비유.

기염 만장(氣焰萬丈)

의기가 성함. 기세나 호기가 한없이 높음.

기우 장대(氣宇壯大)

의기가 대단히 큰 모양. 뜻이나 구상 따위가 큰 모양.

기운 생동(氣韻生動)

서화 따위의 기품, 뛰어난 예술품을 이름. 정취가 생생하여 약동하고 있음. 出典 輟耕錄

기인지우(杞人之憂)

미리 앞날의 일을 생각하여 쓸데없이 근심함. 걱정하지 않아도 될 일을 이것저것 걱정함. 옛날 중국 기(杞)나라 사람이 하늘이 무너져 떨어지지나 않을까 걱정하여, 밤에도 잠을 못 자고 식사도 목을 넘어가지 않았다는 옛일. 현재는 기우(杞憂)라고 줄여 씀. 出典 列子 天

瑞篇

기치 선명(旗幟鮮明)

군중(軍中)에서 무장이 자기의 존재를 확실히 하기 위하여 깃발을 세우는데, 그 빛깔이 선명하다는 뜻에서 처지나 태도가 명확함을 이름.

기호지세(騎虎之勢)

사물의 세력이 성하여 중도에 아무리 그만두려 해도 그만둘 수 없게 됨을 이름. 호랑이의 등에 타고 달리면, 그 세력이 세차서 도중에 내리려 해도 내리지 못하여, 할수없이 가 닿는 데까지 감을 이름. 出典 隋書 獨孤皇后傳

기화 가거(奇貨可居)

절호의 기회를 놓쳐서는 안 된다는 것. 기화는 진귀한 물건. 이것을 이용하면 뜻밖의 이익을 얻을 수 있을지 모를 물건을 말함. 잘 이용하여 이익을 보려함.

길굴 오아(佶屈聱牙)

글자나 글이 이해하기 어려움. 出典 韓愈〈進學解〉

낙락 뇌뢰(落落磊磊)
　돌이 포개여 쌓여 있는 모양. 또 성미가 너그럽고 선선하여 자질구레한 일에 거리끼지 않는 공명 정대한 모양. 出典 晋書 石勒載記

낙락 목목(落落穆穆)
　성격이 원만하여 모남이 없는 일. 出典 晋書 王澄傳

낙락지예(落落之譽)
　도량이 큰 인물의 명성.

낙양 지귀(洛陽紙貴)
　호평을 받아 책이 매우 잘 팔림의 비유. '洛陽'은 중국 하남성의 도시로 그 도시의 종이값이 오른다는 뜻. 出典 晋書 文苑傳

낙지 운연(落紙雲煙)
　낙지(落紙)는 종이 위에 붓을 대어 글씨를 쓰는 것. 운연(雲煙)은 초서(草書)의 필세가 아름답고 웅혼한 것. '웅혼(雄渾)'은 웅대하여 막힘이 없음. 出典 杜甫〈飮中八仙歌〉

낙화 낭자(落花狼藉)
　떨어진 꽃잎이 흩어져 어지러움. 곧, 사물이 뒤섞여 흩어진 모양. '狼藉'는 이리가 풀을 깔고 있었던 자리가 어지러운 것.

낙화 유수(落花流水)
　떨어져 흩어지는 꽃과 흐르는 물. 흩어진 꽃잎이 물위에 떠내려감. 또는 꽃은 흩어지고 물은 흘러감. 가는 봄의 경치. 또 낙화를 남자, 유수를 여자에 비유하여 꽃은 물에 맡기어 흘러가고 싶고, 물은 꽃잎과 함께 흐르고 싶어 남자에게 여자를 사모하는 마음이 있으면, 여자도 그 남자를 그리는 마음이 생겨 이것을 받아들임. 出典 高騈〈訪隱者不遇詩〉

난공 불락(難攻不落)
　공격하기 어려워서, 쉽사리 함락하지 않음.

난동 이변(暖冬異變)
　예년에 비해 따뜻한 겨울. 同 이상 난동(異常暖冬).

난리 골회(亂離骨灰)
　산산이 흩어져 뒤죽박죽이 됨.

난신 적자(亂臣賊子)

군주에게 반역하는 신하와 어버이를 해치는 자식. 出典 孟子 滕文公下篇

난의 포식(暖衣飽食)

따뜻한 옷을 입고, 음식을 배불리 먹는다는 뜻에서, 아무런 부족함이 없이 생활함을 이름. 出典 說苑 臣術篇

난정 순장(蘭亭殉葬)

당나라 태종이 왕희지(王羲之)의 〈난정첩〉을 더없이 사랑하여 자기가 죽거든 이것을 관에 넣어 달라고 한 옛일에서 서화·도자기 따위를 사랑하는 마음이 두터움을 말함. 〈난정첩〉은 〈난정기〉 또는 〈난정집서〉라고도 하여, 왕희지 등 명사 42명이 절강성 소흥현 서남쪽에 있는 '난정'에 모여 곡수(曲水)의 연을 열었을 적에 지은 시집의 머리말로 왕희지가 썼음.

난최 옥절(蘭摧玉折)

난초가 부러지고 옥이 부서짐. 현인(賢人)이나 가인(佳人)의 죽음을 말함.

난해 난입(難解難入)

법화(法華)의 법리(法理)처럼 이해하기 어렵고, 깨달음에 들기 어려움. 出典 法華經

난행 고행(難行苦行)

불도 수행을 위해 심신의 고통이나 곤란한 경우를 당하게 해서 연마하는 것. 또, 심한 고생을 말함.

난형 난제(難兄難弟)

형제가 다 훌륭하여 낫고 못함을 구분하기가 어려움. 후한(後漢) 때 사람 진기(陳紀)와 진심(陳諶) 형제의 고사. 出典 世說新語 方正篇

남가지몽(南柯之夢)

당(唐)나라 때, 강남의 양주(揚州) 교외에 사는 협객(俠客)으로 술을 좋아한 순우분(淳于棼)이, 뜰에 있는 커다란 회화나무 그늘에서 술상을 벌여 놓고 술을 마시다가 취해서 잠들고 말았다. 꿈속에서 괴안국(槐安國)이 맞아들여 국왕의 사위가 되고, 이윽고 남가군의 태수(장관)가 되어 영화를 누리기를 이십여 년이 지났다. 잠이 깨어 회화나무의 뿌리 밑을 파보니, 개미집의 모양이 성 같은데 그것이 남가군이었다는 옛일에서 말미암음. 인생의 덧없음의 비유. 괴몽, 괴안의 꿈이라고도 함. 同 남가 일몽(南柯一夢). 出典 太平廣記

남귤 북지(南橘北枳)

양자강 남쪽의 귤은 강북에다 옮겨 심으면 탱자로 변하고 만다. 풍토와 환경의 다름에 따라

사람의 기질 따위가 변한다는 비유. 出典 晏子春秋 雜下

남남 세어(喃喃細語)
　재잘거리며 말을 많이 함.

남만 격설(南蠻鴃舌)
　의미가 통하지 않는 외국인의 말을 깔보아 이름. '南蠻'은 남방의 이방(異邦), '鴃舌'은 때까치가 우는 소리처럼 시끄럽기만 하고 알아듣지 못할 말의 비유. 본래는 맹자가 남방의 초(楚)나라 출신인 허행(許行)의 언동을 비난한 말. 出典 孟子 滕文公下篇

남무 삼보(南無三寶)
　불·법·승(佛法僧)의 삼보에 귀의하여 받드는 뜻. 곧, 삼보에 호소하여 부처의 구제를 구하는 말. 실패를 깨달았을 때나, 만의 하나 성공을 빌 때에 욈.

남선 북마(南船北馬)
　중국에서는 남방(南方)은 강과 운하가 많아서 배를, 북방(北方)은 산과 평원이 많으므로 말을 교통 기관으로 쓰고 있다. 곧 여기저기 끊임없이 뛰어다니는 여행을 하고 있음. 同 동분서주(東奔西走). 出典 淮南子 齊俗訓

남전 생옥(藍田生玉)
　"남전이 옥을 낳는다." 남전

은 중국 섬서성 서안시 남동에 설치되었던 진나라 때의 현으로 남전에서는 아름다운 옥을 산출한다. 곧 명문(名門)에서 뛰어난 젊은이가 나오는 것을 칭찬한 말.

남존 여비(男尊女卑)
　남성을 존중하여 여성을 경시하는 태도나 사상. 또 그와 같은 사회 관습.

낭사 배수(囊沙背水)
　전한(前漢)의 고조(高祖) 유방(劉邦)의 신하 한신(韓信)이 사용한 낭사의 계(囊沙의 計)와 배수(背水)의 진(陣)의 병법. 자루에 흙을 담아 강을 막아 적이 강을 건널 때 물을 한꺼번에 흘려서 적을 무찔렀던 계략과, 강을 등지고 결사의 진을 치는 것. 한신은 한나라의 명장으로 유방과 함께 화북(華北)을 평정했다. 한신의 가랑이 빠지기는 유명한 일화(逸話)임. 出典 春秋左氏傳 宣公 四年

낭중지추(囊中之錐)
　뛰어난 사람. 무리에서 뛰어나 현명한 사람. 주머니 속에 넣은 송곳은 그 끝이 뾰족하여 주머니를 뚫고 나오는 것과 같이, 뛰어난 사람은 많은 사람 중에 섞여 있어도 곧 재능이 나타나서 눈에 띈다는 비유. 出典 史記 平原君傳

낭중 취물(囊中取物)
　없는 것을 이리저리 구하는 것이 아니고, 주머니에 든 것을 꺼내는 것과 같음. 곧 대단히 쉬운 일의 비유.

내성 외왕(內聖外王)
　안으로 성인의 덕, 밖으로 왕자의 품을 겸비함.

내우 외환(內憂外患)
　내란이나 경제 불안 등으로 국내에서의 걱정거리와, 외국에서 가져온 걱정거리.

내유 외강(內柔外剛)
　마음은 약한데, 외모는 강한 듯이 보임. 出典 易經 否卦

내조지공(內助之功)
　아내가 집안일을 잘 다스려 남편을 돕는다는 뜻.

내청 외탁(內淸外濁)
　내심은 맑은 채 있고, 겉은 속세에서 타협하여 흐리고 때묻어 있는 것처럼 보이는 것이 난세(亂世)에 몸의 안전을 지키는 방법임을 말함.

냉난 자지(冷暖自知)
　물이 차가운지, 따뜻한지는 그 물을 마신 자만이 안다는 뜻으로, 자기의 일은 남이 이러쿵저러쿵 말하지 않더라도, 자기가 스스로 판단함을 말함. 出典

傳燈錄

냉한 삼두(冷汗三斗)
　식은땀이 서 말이나 나온다는 뜻으로, 몹시 무섭거나 부끄러운 생각을 함.

냉혹 무잔(冷酷無殘)
　인정이 없고 잔인하고 혹독함.

노기 복력(老驥伏櫪)
　중국, 위나라 무제(武帝)인 조조(曹操)의 시에 있는 "노기 역에 굴복하고 있지만 뜻은 천리에 있다." 곧, "늙은 준마는 마구간의 마루청 가로목에 매어 있지만, 천리를 달릴 뜻을 버리지 않는다." 준걸은 늙어도 큰 뜻을 품고 있음을 말함. 出典 曹操 〈龜雖壽〉

노마 십가(駑馬十駕)
　노마는 걸음이 느린 말, 곧 재능이 떨어지는 자. 일가(一駕)는 마차의 하루 행정(行程). 노마도 열흘 가면 준마의 하루 행정만큼 갈 수가 있다. 재능이 없는 자도 노력하면 수재(秀才)와 어깨를 겨룰 수 있음의 비유. 出典 荀子 修身

노마지지(老馬之智)
　제(齊)나라 환공(桓公)이 길을 잃고 헤맬 때에, 관중(管仲)이 늙은 말을 풀어 놓고 그 뒤

를 따라가 마침내 길을 찾았다고 하는 옛일에서, 쓸모없는 사람도 때로는 유용함을 이름. 出典 韓非子 說林篇

노발 충관(怒髮衝冠)
몹시 분해서 곤두선 머리털이 갓을 치밂. 분노의 형상을 이름. 同 노발 충천(怒髮衝天). 出典 史記 藺相如傳

노발 충천(怒髮衝天)
심한 노여움을 형용하는 말. 머리털을 곤두세우고, 하늘도 찌를 듯이 노하는 모양. 出典 史記 藺相如傳

노소 부정(老少不定)
노인도 소년도 언제 죽을는지 모름. 죽음은 미리 알지 못하고, 사람의 목숨은 덧없어 수명을 정하기 어려움의 비유. 죽음에는 노소가 없음.

노숙 풍찬(露宿風餐)
한데에서 자고, 한데에서 먹음. 곧 여행하는 어려움을 말함. 同 풍찬 노숙(風餐露宿).

노안 비슬(奴顔婢膝)
奴는 남자종, 婢는 여자종. 남자종이 고개를 숙이고, 여자종이 무릎을 꿇듯이, 남과 교제함에 있어, 항상 지나치게 굽실굽실하여 비굴한 태도를 취함을 이름. 出典 抱朴子 交際篇

노어지오(魯魚之誤)
→어로지오(魚魯之誤).

노어 해시(魯魚亥豕)
魯와 魚, 亥와 豕는 글자의 모양이 비슷해 틀리기 쉬워서, 글자를 잘못 씀을 말함. 同 노어 오언(魯魚烏焉). 노어 제호(魯魚帝虎). 노어지오(魯魚之誤). 出典 呂氏春秋 察傳篇

녹만 창전(綠滿窓前)
창가에 초목이 우거진 모양으로 초여름의 경관. 있는 그대로의 자연을 즐기려는 문인의 심경을 나타낸 것.

녹엽 성음(綠葉成陰)
나무에는 초록 잎이 우거져 그늘을 짓고, 가지가 휘도록 열매가 열린 모양으로, 여성이 결혼하여 아기를 갖는 것의 비유. 또 옛 연인이 결혼하여 이미 아기를 가졌음의 비유.

녹정 춘심(綠淨春心)
초목의 초록빛이 상쾌한 봄, 맑게 갠 수목의 초록빛과 눈부시게 빛나는 봄빛.

논공 행상(論功行賞)
공적·공훈의 크고 작음을 평가하여, 상을 주거나 표창함. 出典 三國志 魏志 明帝紀

농조 연운(籠鳥戀雲)

새장 속의 새가 구름을 그리워한다는 뜻으로, 속박을 받은 몸이 자유를 얻으려고 하는 마음의 비유.

뇌예 구식(賴藝求食)

재주를 팔아서 생활하거나 재주가 몸을 도움. 또는 벼슬에 미련이 있어서, 여간해서 그만두려 하지 않음.

뇌진 교칠(雷陳膠漆)

뇌진은 중국 후한의 뇌의(雷義)와 진중(陳重). 이 두 사람이 아교와 옻칠로 단단히 굳힌 것처럼 지극히 친밀한 사이였다는 데서, 우정이 대단히 두터움을 말함. 同 관포지교(管鮑之交). 문경지교(刎頸之交). 出典 後漢書 雷義傳

누루 면면(縷縷綿綿)

이야기가 자세하게 길게 이어지는 모양.

능라 금수(綾羅錦繡)

명주실로 짠 비단을 통틀어 일컫는 말.

다기 망양(多岐亡羊)

갈림길이 여러 갈래여서 지키던 양을 잃어버렸다는 뜻으로, 곧 학문을 하는 데 있어서도 너무 다방면에 걸치면 아무것도 이룰 수 없음의 비유. 出典 列子 說符篇

다다 익선(多多益善)

많으면 많을수록 더욱 좋음. 出典 史記 淮陰侯傳

다사 다난(多事多難)

사건이 겹치어, 세상이 온화하지 않고, 어려운 일이 많은 모양.

다사 다단(多事多端)

차례차례 처리해야 할 일이 많아 바쁨.

다사 제제(多士濟濟)

뛰어난 인재가 많이 있음. 濟濟는 많이 있어 성한 모양. 出典 詩經 大雅 文王篇

다예 무예(多藝無藝)

재주가 많은 사람은 한 가지에 깊이 통하지 않아, 결국은 재주가 없는 것과 같음.

다전 선고(多錢善賈)

밑천이 많으면 마음대로 장사를 잘 할 수 있음. 出典 韓非子 五蠹篇

다정 다한(多情多恨)

사물에 깊이 느끼기 쉬워 한이 많음을 이름.

다정 불심(多情佛心)

사물에 느끼기 쉽고, 마음이 변하기 쉬우나, 박정한 일을 못하는 성질.

다종 다양(多種多樣)

가지가지 종류, 많은 양상을 갖추고 있음.

단간 영묵(斷簡零墨)

종이가 발명되기까지 종이 대신 쓴 대쪽과 먹 한 방울. 곧, 종이쪽에 적힌 완전하지 못한 조각난 글월.

단금지계(斷金之契)

우정이 굳세고 튼튼하게 맺어져 있으면, 단단한 금속도 끊을 수 있다는 데서, 굳은 우정을 이름. 지극히 친밀한 우정. 出典 易經 繫辭篇

단기지교(斷機之敎)

학업을 중도에 그만두는 것은 짜던 베의 날을 끊는 것과 같아 아무런 보람이 없음. 곧 지금까지 공들인 것이 물거품이 됨을 이름. 出典 後漢書 列女傳

단도 직입(單刀直入)

단 한 사람이 적진으로 뚫고 들어간다는 뜻에서, 서론을 빼고 본론으로 들어감. 곧 직접 본제(本題)로 들어감을 이름. 出典 傳燈錄

단문 고증(單文孤證)

간단한 문서(文書)와 하나의 증거라는 뜻으로, 불충분한 증거·박약한 증거를 이름.

단사 표음(簞食瓢飮)

대로 만든 그릇에 담은 음식과 표주박에 담은 물. 간소한 음식물로 생활함. 또 가난한 생활에 만족함을 이름. 出典 論語 雍也篇

단사 호장(簞食壺漿)

대로 만든 그릇에 담은 음식과 항아리에 담은 물을 가지고 군대를 환영하는 모습. 곧 적국을 기꺼이 환영한다는 뜻. 出典 孟子 梁惠王下篇

단성 무이(丹誠無二)

성실한 마음, 곧 진심으로 성심 성의(誠心誠意)로 일을 행하는 모습.

단순 호치(丹脣皓齒)

붉은 입술과 흰 이, 아름다운 여자의 비유.

단애 절벽(斷崖絶壁)

깎아지른 듯한 낭떠러지와 벼랑.

단장 취의(斷章取義)

남의 문장의 한 구절을 빼내어, 전체의 뜻과는 관계없이, 그 한 구절의 뜻만을 이용하는 것. 남의 시문(詩文)의 일부를 자기가 소용되는 부분만을 따서 마음대로 해석하여 씀. 出典 文心雕龍

달인 대관(達人大觀)

達人은 大觀한다. 널리 도리에 통달한 사람은 작은 일에 끌리지 않고, 높은 견지에서 전체를 잘 꿰뚫어 보아, 바른 판단을 내려 그르치는 일이 없음. 出典 文選 〈鵩鳥賦〉

담대 심소(膽大心小)

담은 크고 마음은 작음. 곧 배짱은 크게 갖되 주의는 세심해야 한다는 말. 문장을 지을 때의 마음의 준비. 出典 舊唐書 孫思邈傳

담론 풍발(談論風發)

담화나 의론이 속출하여 활발

히 행해짐.

담석지저(儋石之貯)
저장한 극히 얼마 안 되는 쌀이라는 뜻으로 여축이 적음을 이름. 出典 漢書 揚雄傳

담장 농말(淡粧濃抹)
산뜻한 화장과 짙은 화장. 갠 날과 비 오는 날에 따라 변화하는 경치를 이름. 出典 蘇軾 〈飮湖上初晴後雨詩〉

당동 벌이(黨同伐異)
같은 것에 편들고, 다른 것을 친다는 뜻으로, 도리(道理)에 아랑곳없이, 같은 동아리를 편들어 이를 돕고, 반대하는 자를 공격함. 出典 周邦彦〈汴都賦〉

당랑 거철(螳螂拒轍)
사마귀가 팔을 벌리고 수레바퀴를 막는다는 뜻으로, 제 분수를 모르고 강자에게 덤빔의 비유. 出典 莊子 人間世篇

당랑재후(螳螂在後)
공연히 욕심을 부려 해를 입을 것을 생각하지 못하고 덤빔의 비유.

당랑지부(螳螂之斧)
당랑은 버마재비라는 곤충. 제(齊)나라의 장공(莊公)이 사냥을 갔을 때, 버마재비 한 마리가 앞발을 들고, 그 수레에 뛰어오르려고 했다. 장공이 마부에게 "뭐라는 벌레냐"고 묻자, 마부는 "버마재비라는 것인데, 앞으로 나아갈 줄만 알고 물러설 줄을 모릅니다. 자기의 힘도 모르고 상대를 가벼이 봅니다."라고 대답했다. 장공은 "만일 이 벌레가 인간이라면, 반드시 천하의 용자가 될 것이다."고 말하여 버마재비를 피하여 지나갔다는 옛일. 곧, 힘이 약한 자가 자기의 역량은 생각하지 않고 강적에게 덤벼듦을 이름.

당리 당략(黨利黨略)
소속 정당·당파만을 이롭게 하는 계략. 당으로서 채용하는 책모.

당의 즉묘(當意卽妙)
그 경우에 적합한 그 자리에서의 재치를 부림. 곧 임기 응변. 그 자리의 분위기에 맞추어, 즉각 재치있는 언동을 함.

당탑 가람(堂塔伽藍)
당(堂)이랑 탑이 둘러선 절의 모습.

대갈 일성(大喝一聲)
큰 소리로 꾸짖음.

대기 만성(大器晚成)
종이나 솥처럼 큰 그릇은 하루아침에 만들 수 없듯이, 참

큰 인물은 발달은 더디지만, 꾸준히 실력을 길러 나중에 큰 인물이 됨을 이름. 出典 老子 第41章

대기 설법(對機說法)
　불교에서, 설법 교화하는 데 있어서, 상대방의 종교적 능력에 따라 이해하도록 법을 풀어 말함을 이름.

대기 소용(大器小用)
　뛰어난 재능을 가진 사람에게 누구든지 할 수 있는 일을 시켜, 그 재능을 살리지 못함을 이름. 出典 後漢書 邊讓傳

대담 부적(大膽不敵)
　사물을 두려워하지 않고, 적을 삼지 않음. 대담하여 무슨 일에 동하지 않는 모양.

대동 단결(大同團結)
　복수의 단체나 정당, 당파가 서로 대립하는 작은 문제를 무시하고, 하나의 목적을 위해서 일치 단결함을 이름.

대동 소이(大同小異)
　조금 다른 점이 없지 않으나, 큰 줄거리는 거의 같아 차이가 없음.

대사 일번(大事一番)
　불교에서 지금까지의 자기의 모든 것을 버리고, 마음을 비워

서 불법(佛法)을 지킴. 죽은 셈 치고 힘씀.

대산 명동(大山鳴動)
　→태산 명동.

대성 질호(大聲叱呼)
　큰 소리로 황급히 부름. 큰 소리로 꾸짖음.

대소 고소(大所高所)
　개개의 사람이나 작은 일에 구애되지 않는 넓고 큰 관점(觀點).

대수 장군(大樹將軍)
　중국 후한(後漢) 때 장군 풍이(馮異)는 겸허한 인품으로, 여러 장수들이 자랑스럽게 저마다 공적을 말하고 있을 때, 항상 피하여 큰 나무 밑으로 물러가, 자기의 공적을 자랑하지 않았으므로, 대수 장군이라는 별명을 붙였다는 옛일에서 나온 말. 出典 後漢書 馮異傳

대안 길일(大安吉日)
　만사에 길하다는 날. 오늘날에는 특히 혼례에 좋은 날을 이름.

대언 장어(大言壯語)
　그 사람에게 걸맞지 않거나 큰 것을 기운을 내서 더 크게 말함. 실력도 없으면서 큰소리를 침. 또 그 말. 同 장언 대어.

대역 부도(大逆不道)

인륜에 크게 어긋난 도리(道理)를 무시한 행동. 한(漢)나라 때 법률 용어. 出典 漢書 楊惲傳

대오 철저(大悟徹底)

불교에서 일체의 미혹을 끊고, 번뇌와 미망을 남기지 않음. 완전히 깨달아 참된 지견(知見), 곧 식견(識見)을 여는 것.

대욕 비도(大慾非道)

욕심이 많아 자비심이 없고, 잔인하고 혹독함. 사람을 세게 끌어당기는 욕망.

대우 탄금(對牛彈琴)

소를 향해서 거문고를 뜯음. 어리석은 사람에게 어려운 도리(道理)를 설명해 주어도 아무런 효과가 없음의 비유. 同 마이 동풍(馬耳東風).

대원 성취(大願成就)

크게 바라는 것이 이루어짐. 신불(神佛)의 가호로 이루어짐.

대은 조시(大隱朝市)

비범한 은자는 산중에 있지 않고, 시중에 살면서 속된 사람 중에서 초연하게 지내는 자임. 은자는 속세를 떠나 숨어 사는 사람. 出典 白居易〈中隱詩〉

대의 멸친(大義滅親)

의리를 위해서 가족을 생각하지 아니함. 곧 나라나 사회를 위하는 대의 명분 앞에는 사사로운 정은 버려야 함을 이름. 出典 春秋左氏傳 隱公 四年

대의 명분(大義名分)

사람으로서 지키지 않으면 안 되는 절의(節義)와 분한(分限). 행동의 기준이 되는 도리, 이유가 되는 명백한 근거.

대인 군자(大人君子)

덕이 높고 훌륭한 사람.

대인 대이(大人大耳)

덕이 높고, 마음에 여유가 있는 사람은 자질구레한 것을 일일이 귀에 담아 두지 않음을 이름. 곧, 도량이 넓어서 자질구레한 일에 거리끼지 않음.

대자 대비(大慈大悲)

불교에서 말하는 부처의 광대 무변한 자비. 특히 관세음보살의 큰 자비를 칭송하여 이름. 出典 法華經

대하 고루(大廈高樓)

크고 높은 건물. 크고 호화로운 건물.

대한 운예(大旱雲霓)

가뭄이 계속되면 비의 조짐인 구름을 몹시 기다리듯이, 어떤 사물이 와 닿기를 간절히 바람의 비유. 出典 孟子 梁惠王下篇

대한 자우(大旱慈雨)

몹시 기다리고 바람의 비유. 가뭄이 계속되어 오랫동안 비가 오지 않아 은혜로운 비가 오기를 기다림.

대해 일속(大海一粟)

크고 넓은 곳에, 아주 작은 것이 있음의 비유. 同 대해 일적 (大海一滴). 出典 蘇軾 〈前赤壁賦〉

도견 와계(陶犬瓦鷄)

흙으로 구워 만든 개와 기와의 닭. 짖지도 않고, 때도 알리지 않음. 비슷하기는 겉모양뿐으로, 아무짝에도 쓸모 없는 것의 비유. 出典 金樓子 立言

도남지익(圖南之翼)

붕새가 남해를 향하여 홰를 치려고 날개를 펴듯이, 큰 사업을 계획하고, 웅비(雄飛)를 꾀하는 큰 뜻을 이름. 붕새는 중국의 상상의 새로 그 등은 몇천 리인지 모를 만큼 크다. 붕새가 날아 오를 때에는 삼천 리나 되는 날개로 수면을 치고, 회오리바람을 타고 9만 리를 날고 6개월이나 쉬지 않고 난다고 함. 同 도남 붕익(圖南鵬翼). 出典 莊子 逍遙遊篇

도량 발호(跳梁跋扈)

악인이 남의 것을 자기 것처럼 행세하며 멋대로 날뛰며 판을 치고 돌아다님.

도룡지기(屠龍之技)

용을 죽이는 기술을 습득해도 용은 이 세상에 없으므로, 세상에 쓸모 없는 기술을 이름. 出典 莊子 列禦寇篇

도리 성혜(桃李成蹊)

훌륭한 인물은 아무 말을 안해도, 그 덕을 섬기어 자연히 사람이 모여드는 것을 비유. 인격자는 말하지 않고 사람을 복종시킨다는 비유. 사람이 많이 모이면 작은 길이 생긴다는 뜻. 出典 史記 李將軍列傳

도마 죽위(稻麻竹葦)

벼·삼·대·갈대 따위가 뒤얽혀 모여 나 있음. 곧, 많은 것이 뒤얽혀 혼란한 상태. 몇 겹으로 에워싸여 있는 모양.

도말 시서(塗抹詩書)

〈시경〉이나 〈서경〉 같은 소중한 책에 먹칠을 함. 곧 가치를 모르는 어린아이의 장난의 비유.

도모 시용(道謀是用)

길가에 집을 짓는데, 길 가는 사람에게 의논하면, 사람마다 제 생각을 말하므로, 의견은 일치하지 않는다. 더구나, 그 의견을 들으면 집은 완성되지 않는다. 즉 일정한 주견이 없이 남

에게 좌우됨의 비유. 出典 詩經
小雅 小旻篇

도불습유(道不拾遺)
　나라가 잘 다스려져 길바닥에
물건이 떨어져 있어도 주워 가
지지 않음. 곧 나라가 태평하게
잘 다스려짐을 비유한 말임. 出典
戰國策 秦策

도삼 이사(桃三李四)
　복숭아도 자두도 장미과의 과
수로, 현재 한국에서 재배되고
있는 복숭아는 중국의 수밀도
(水蜜桃)를 개량한 것이다. 복
숭아는 열매가 열리기까지 3년
이 걸리고 자두는 4년 걸린다. 類
도율 삼년 시팔년(桃栗三年柿八
年).

도소지양(屠所之羊)
　도살장에 끌려가는 양이란 뜻
으로 죽음이 임박한 자, 또는
무상한 인생의 비유. 出典 摩訶
摩耶經

도수 공권(徒手空拳)
　몸 하나뿐으로 남에게 의지할
것이 없음의 비유. ‘徒手’는 아
무것도 가지지 않은 맨손.

도원 결의(桃園結義)
　복숭아나무가 우거진 동산에
서 의를 맺는다는 뜻으로, 전혀
다른 인격체들이 사사로운 욕심
이나 야망을 버리고, 몸과 마음

을 어떤 목적을 향해 같이 행동
함. 후한 때 일어난 황건적의
난으로 만나게 된 유비, 관우,
장비가 유비의 집에 모여서 군
사를 일으킬 것을 의논하고, 복
숭아밭에서 맹세한 데서 나온
말. 出典 漢書 梅福傳

도청 도설(道聽塗說)
　길을 가다가 귓결에 들은 이
야기를, 곧 그 길에서 다른 사
람에게 옮김. 자세히 알지 못하
면서 곧 남에게 전한다면 도덕
을 버리는 것과 같음을 이름. 出典
論語 陽貨篇

도측 기보(道側奇寶)
　길바닥에 버려진 진귀한 보
물. 세상에 묻혀 있는 어질고
총명한 사람.

도탄지고(塗炭之苦)
　진흙 수렁이나 숯불 속에 떨
어진 것 같은 괴로움을 나타낸
말로, 심한 고통과 학정(虐政)
속에 빠져 있음을 뜻함. 出典
書經 仲虺之誥篇

도행 역시(倒行逆施)
　일을 행함에 있어, 도리를 거
스름. 또 순서를 따르지 않고
역행함. 곧, 차례를 바꾸어 행
함. 出典 史記 伍子胥傳

독견지명(獨見之明)
　남은 보이지 않는 것, 깨닫지

못하는 것을 혼자 보고 깨닫는 것을 '독견'이라 하고, 그 총명함을 '독견지명'이라고 한다. 出典 淮南子 兵略訓

독단 전행(獨斷專行)
　남에게 의논하지 않고, 자기만의 생각으로 판단하고, 제 맘대로 함.

독립 독보(獨立獨步)
　남에게 의지하지 않고, 또 좌우되는 일 없이, 자기의 신념을 실행하는 것. 또 남과 다른 특색이 있고 뛰어난 것.

독립 독행(獨立獨行)
　남에게 의지하지 않고, 자기의 힘으로 자기가 믿는 것을 행함. 同 독립 독보(獨立獨步).

독립 자존(獨立自尊)
　남의 도움을 받지 않고 매사를 제힘으로 처리하여, 자기의 존엄을 보유하는 것.

독서 망양(讀書亡羊)
　다른 일에 정신이 팔려 중요한 일을 소홀히 함. 양을 지키던 부부가, 남편은 책읽기, 아내는 공기놀이에 몰두하여 둘이 다 양이 달아나는 것을 몰랐다는 옛일. 出典 莊子 騈拇篇

독서 백편(讀書百遍)
　되풀이하여 몇 번이고 숙독하면, 어려운 글이라도 뜻을 확실히 앎. 숙독을 권하는 것. 出典 三國志 魏志 董遇傳注

독서 삼도(讀書三到)
　중국 남송(南宋) 때 철학자 주자(朱子)가 제창한 독서의 세 가지 방법으로 到는 집중의 뜻. 책의 내용을 이해하는 데는, 심도(心到)·안도(眼到)·구도(口到)가 있다 함. 가장 중요한 것은 마음을 집중하는 것으로, 다음이 눈으로 잘 보고, 소리를 내어 낭독하면, 그 참뜻을 끄집어내어 알게 됨을 이름. 出典 朱熹〈童蒙須知〉

독서 삼여(讀書三餘)
　독서하기 좋은 세 가지 여가. 〈春秋左氏傳〉의 주(注)로 유명한 위나라의 동우(董遇)가 제자가 되고 싶다고 찾아온 자에게 "우선 몇 번이고 거듭 읽으라. 그렇게 하면, 그 말하려고 한 바가 저절로 알아지리라."라고 말하니까, "그럴 여가는 없습니다." "아니 아니, 세 가지 여가가 있지 아니한가. 농사일 없는 겨울과 낮의 나머지인 밤, 일 못하는 비 오는 날이 있지 아니한가."라고 말한 데서 온 말. 出典 三國志 魏志 董遇傳

독서 상우(讀書尙友)
　책을 읽어서 옛 위인이나 현인을 벗으로 삼음. 出典 孟子 萬

章下

돈증 보리(頓證菩提)

　기연(機緣)이 닥쳐서 어떠한 일에 홀연히 큰 지(智)를 깨달음.

돌돌 괴사(咄咄怪事)

　놀랄 만한 괴상한 일. 出典 晉書 殷浩傳

돌연 변이(突然變異)

　유전자의 성질이나 양의 변화로 변종이 생기는 것. 성질의 변화를 유전자 돌연 변이라 하고, 양적인 변화는 유전자를 포함한 염색체의 변화로서 나타나므로 염색체 변이라고 한다.

동가 홍상(同價紅裳)

　'같은 값이면 다홍 치마'. 곧, 같은 값이면 좋은 물건을 가진다는 뜻.

동공 이곡(同工異曲)

　본래는 음악의 연주 기술, 시 따위를 짓는 기능이 같은 정도로, 그 취향과 취미가 다를 수밖에 없는데, 현재로는 표면은 다른 것처럼 보이고 내용은 같다는 약간 가벼운 뜻으로 쓰임. 出典 韓愈〈進學解〉

동공 일체(同功一體)

　공적과 지위·계급이 다 같음을 이름. 出典 史記 黥布傳

동래 서주(東來西走)

　동쪽에서 와서 서쪽으로 가다. 정한 바가 없음을 이름.

동문 동궤(同文同軌)

　'同文'은 온 나라가 같은 글자를 씀. 軌는 수레의 바퀴로, 수레바퀴의 살의 사이를 같게 하는 것을 '同軌'라 함. 곧 천하를 잘 다스려 하나로 함. 出典 史記 秦始皇紀

동문 동종(同文同種)

　사용하는 문자가 같고, 또 인종도 같음. 주로 한국·일본·중국의 관계를 이름. 같은 동양 인종으로, 한자를 사용하는데, 그 의미·내용·사용법은 결코 같지는 않음. 同 동종 동문(同種同文).

동병 상련(同病相憐)

　같은 경우에 있는 자, 같은 괴로움을 가진 자는, 서로 동정하고 돕는다. 서로 가엾게 여김. 出典 吳越春秋 闔閭內傳

동분 서주(東奔西走)

　이리저리 뛰어다니며 바삐 일하는 것. 同 동행 서주(東行西走). 남행 북주(南行北走).

동산 고와(東山高臥)

　세속을 떠나 숨어 삶. 중국 동진(東晉)의 명재상 사안(謝安)이 절강성의 동산에 숨어 살았다는 옛일에서, 속세의 티끌을 피하여 산속에 숨어 삶을 이름.

동상 이몽(同床異夢)
　침상(침대)을 나란히 하면서도 마음은 떨어져 있음. 또, 목적이 같은 동아리라도 생각하는 것과 의견을 달리함을 이름. 出典 陳亮〈與朱元晦書〉

동성 이속(同聲異俗)
　막 태어난 아기는 고금 동서, 우는 소리도 다 같건만, 자라면 풍속과 언어가 다르다. 본래 인간의 성질은 같은데, 자라난 환경과 교육에 의하여 변함을 이름. 出典 荀子 勸學篇

동온 하정(冬溫夏淸)
　겨울은 따듯하게 하고, 여름은 서늘하게 함. 어버이에게 효도함을 이름. 同 온정 정성(溫淸定省). 出典 禮記 曲禮上篇

동우 각마(童牛角馬)
　뿔 안 난 송아지와 뿔난 말. 곧, 사실 그대로의 모습이 아님의 비유.

동음 이의(同音異義)
　같은 음의 한자(漢字)로 뜻이 다른 것. 未安과 美顏 따위.

동이 서융(東夷西戎)
　중국에서 주로 황하(黃河)의 주류와 하류 유역에 사는 한민족(漢民族)이 스스로를 '중화(中華)'라 칭한 데 대한 만주·한국·일본 등 동방의 이민족을 '東夷', 서역에 사는 이민족을 '西戎'이라고 칭했음. 同 남만 격설(南蠻鴃舌). 남만 북적(南蠻北狄).

동천 경지(動天驚地)
　하늘을 움직이게 하고 땅을 놀라게 한다는 뜻에서, 세상을 놀라게 함을 말함. 同 경천 동지(驚天動地).

두남 일인(斗南一人)
　斗는 북두성, '斗南'은 북두성에서 남쪽에 있음. 곧 천하에서 제일가는 사람을 이름. 出典 唐書 狄仁傑傳

두문 불출(杜門不出)
　문을 닫고 나가지 않음. 곧 집안에만 있고 세상일을 알려 하지 않음.

두한 족열(頭寒足熱)
　머리를 차게 하고 발을 따듯하게 하는 것, 또 그 상태. 옛부터 전해 오는 건강법의 하나.

득롱 망촉(得隴望蜀)
　농서 지방을 얻고 또다시 촉을 탐낸다는 뜻으로, 끝이 없는 인간의 욕심에 비유되어 쓰임. 出典 後漢書 岑彭傳

득어 망전(得魚忘筌)

물고기를 잡고 나면 통발을 잊음. 곧 어떤 목적을 달성하고 나면 그 목적 달성을 위하여 썼던 사물을 잊어버림의 비유. 통발은 가느다란 댓조각을 엮어서 통처럼 만든 고기잡는 제구. 出典 莊子 外物篇

득의 만면(得意滿面)

뜻을 이루어 기쁜 표정이 얼굴에 가득함.

등고 자비(登高自卑)

높은 곳에 오르려면 낮은 데서부터 올라가야 함. 곧 무슨 일이든 순서가 있음을 이름. 出典 中庸 第14章

등루 거제(登樓去梯)

남을 다락 위에 오르게 하고, 오르고 나면 사다리를 치움. 곧 남을 기쁘게 하여 놓고 곧 괴롭게 함.

등용지문(登龍之門)

황하 상류의 험한 곳. 산서성 하진현과 협서성 한성현 사이의 격류. 이 급류는 물고기가 거의 가지 못하는데, 잉어가 이 급류를 올라가면 용이 된다는 전설이 있음. 곧 입신 출세할 수 있는 관문이나, 중요한 시험의 비유.

등화 가친(燈火可親)

가을은 기후가 좋고 밤이 길어서, 등불 밑에서 독서하기에 가장 알맞다는 뜻. 出典 韓愈 〈符讀書城南詩〉

마고 소양(麻姑搔痒)

마고는 중국의 선녀, 새의 발톱처럼 긴 손톱을 가졌다. 후한(後漢)의 채경(蔡經)이 그것을 보고, 가려운 데가 있으면 어디든지 닿아 자못 기분이 좋을 것이라고 생각했다는 옛일로, 사물이 뜻대로 되는 것의 비유. 出典 神仙傳

마부 위침(磨斧爲針)

도끼를 갈아서 바늘을 만듦. 곧 아무리 이루기 어려운 일이라도 끈기 있게 노력하면 이룰 수 있음의 비유.

마이 동풍(馬耳東風)

남의 말을 귀담아듣지 않음. 말의 귀에 동풍이 스쳐도 느끼지 않는 것처럼, 남의 의견이나 충고 따위에 아랑곳하지 않고, 흘려듣고 태연하게 있음. 우리 속담의 '쇠귀에 경 읽기'란 말과 같음. 出典 李白 〈答王去十二寒夜獨酌有懷詩〉

마중지봉(麻中之蓬)

마(삼)는 곧게 자라지만 쑥은 구부려져 난다. 그 쑥도 삼 속에 섞여 나면 곧게 자란다. 곧, 좋은 환경에 감화되어 악이 바로잡힘의 뜻. 出典 荀子 勸學篇

마혁 과시(馬革裹屍)

말가죽으로 시체를 쌈. 곧 전쟁터에 나가 싸우다가 죽겠다는 용맹한 장수의 각오. 또 전사함을 일컫기도 함. 出典 後漢書 馬援傳

막역지우(莫逆之友)

서로 의기 투합하여 거역하지 않는 벗. 同 막역지교(莫逆之交). 막역지계(莫逆之契). 出典 莊子 大宗師篇

막천 석지(幕天席地)

의지와 기개가 넓음. 하늘을 지붕으로 하고 대지를 자리 삼아, 그 사이에 기거하여 속세의 작은 일에 거리끼지 않음. 기우(氣宇)가 장대(壯大)한 모습. 出典 劉伶 〈酒德頌〉

만고 불역(萬古不易)

언제까지나 변하지 않는 것. 또 그 모양.

만록 일홍(萬綠一紅)

많은 남성 중에 긴 단 하나의

여성. 곧 홍일점, 풀숲에 한 떨기 붉은 석류꽃이 피어 있는 모양을 읊은 왕안석(王安石)의 시구(詩句).

만리 동풍(萬里同風)
　천하가 통일되어 도읍에서 멀리 떨어진 지방에까지 풍속이 같아지는 것. 천하 태평(天下太平). 出典 漢書 終軍傳

만목 소연(滿目蕭然)
　눈에 보이는 데까지 초목이 시들고 말라서 어쩐지 쓸쓸함. 同 만목 소조(滿目蕭條).

만목 소조(滿目蕭條)
　끝없이 바라보이는 것이 쓸쓸함.

만부 부당(萬夫不當)
　만 명의 남자가 덤벼도 못 당할 만큼 힘세고 용감함.

만사 휴의(萬事休矣)
　어떤 사태에 직면해서 더 손쓸 수단도 없고 모든 것이 끝장났다. 모든 일이 전혀 가망이 없는 절망과 체념의 상태를 말함. 出典 宋史 高氏世家傳

만세 불역(萬世不易)
　언제까지나 변하지 않음. 영구 불변(永久不變). 同 만대 불역(萬代不易). 만고 불역(萬古不易).

만식 당육(晚食當肉)
　무슨 음식이든지 때 맞춰 먹으면 고기 맛 같음. 곧 배가 고플 때는 무엇을 먹든지 맛이 있음.

만신 창이(滿身瘡痍)
　온몸이 성한 데가 없이 흠집투성이가 됨. 어떤 사물(事物)이 엉망진창이 됨.

만장 일치(滿場一致)
　그 자리에 있는 전원의 의견이 하나로 모아지는 것.

만초 한연(蔓草寒煙)
　만초는 덩굴진 풀. 덩굴진 풀이 퍼지고, 쓸쓸히 연기가 오름. 옛 도읍의 황폐한 모양. 同 한연 황초(寒煙荒草).

만촉지쟁(蠻觸之爭)
　작은 시시한 일로 다툼. 위(魏)나라의 혜왕이 제(齊)나라의 위왕에게 배반당하고 군사를 일으키려 했을 때, 대진인(戴晉人)이라는 자가 "달팽이의 왼쪽 뿔에 촉(觸)씨가, 오른쪽 뿔에 만(蠻)씨가 나라를 세워, 서로 영토를 다투어 싸운 일이 있습니다. 우주의 광대함에 비하면 왕과 달팽이의 뿔 위의 만씨와의 사이에 무슨 차이가 있겠습니까."라고, 사람의 일이 얼마나 보잘것없이 작은 것인가를 말한 우화. 同 와각 지쟁(蝸角之爭).

出典 莊子 則陽篇

망국지음(亡國之音)
　망한 나라의 음악, 또는 나라를 망하게 하는 음탕한 음악. 곧 쓸데없는 일에 지나치게 몰두함을 이름. 出典 韓非子 十過篇

망년지우(忘年之友)
　나이 늙고 젊음에 관계없이 교제하는 벗. 특히 연소자의 재덕을 인정하여 연장자가 하는 말. 同 망년지교(忘年之交). 出典 梁書 張纘傳

망문 생의(望文生義)
　문장을 해석할 때, 하나하나의 글자의 뜻을 자세히 생각하지 않고, 앞뒤의 문맥으로 미루어 해석함을 이름.

망양 보뢰(亡羊補牢)
　'소 잃고 외양간 고친다.'와 같음. 때를 놓쳤지만 앞으로의 방비가 됨. 잘못을 뉘우치고 고치는 것이 중요하다는 비유. 出典 戰國策 楚策

망양지탄(亡羊之嘆)
　갈림길이 많아서, 달아난 양을 놓쳐 버린 한탄. 학문의 길이 복잡하게 나뉘어 있어서 진리를 깨닫기가 어려움의 비유. 또 방법을 찾지 못하고 근심함. 同 다기 망양(多岐亡羊). 出典

列子 說符篇

망양지탄(望洋之嘆)
　바다를 바라보듯이 넓고 커서 짐작하기 어려울 때의 탄식. 위대한 인물이나 깊은 사상·학문 따위에 대하여, 자기의 능력이 이르지 못함을 깨닫고 하는 탄식. 出典 莊子 秋水篇

망연 자실(茫然自失)
　정신을 잃어 어리둥절함.

망우지물(忘憂之物)
　술의 딴이름. 술을 마시면 근심 걱정을 잊는데서 한 말. 出典 文選

매리 잡언(罵詈雜言)
　상대에게 온갖 욕을 하여 큰 소리로 꾸짖는 것. 또 그 말. 出典 史記 魏豹傳

매목 분한(梅木分限)
　매화나무는 성장이 빠른데도 큰 나무가 되지 않는 데서, 자수 성가한 사람이나 벼락 부자를 이르는 말.

맥수지탄(麥秀之嘆)
　옛날에 영화를 자랑하던 도읍에 보리가 무성한 것을 보고 고국의 멸망을 탄식한 데서 나온 말. 出典 史記 宋微子世家傳

맹귀 부목(盲龜浮木)

만나기가 매우 어렵다. 좀처럼 없는 일을 돌고 돌아서 만나다. 부처의 가르침을 만나기 어려움을 말함. '넓고 큰 바다에 살아 백 년에 한 번 바다 위에 떠오르는 눈먼 거북이 우연히 물에 뜬 나무를 잡는다'는 뜻으로, 뜻밖의 행운이 돌아온 비유. 同 맹귀 우목(盲龜遇木). 出典 涅槃經

맹모 단기(孟母斷機)

맹자의 어머니가 학문도 길쌈과 같아서, 꾸준히 노력하지 않으면 성취할 수 없다고 하여, 맹자가 학문을 중도에 그만두고 집으로 돌아온 것을 마침 짜고 있던 베를 잘라서 훈계한 옛일에서 나온 말. 出典 列女傳

맹모 삼천(孟母三遷)

맹자의 어머니가 맹자의 교육을 위해 세 번 집을 옮긴 옛일. 맹자가 어렸을 때, 그 집이 묘지 근처에 있었기 때문에, 맹자가 매장하는 흉내를 내고 놀았다. 그래서 시장 근처로 이사했는데, 장사하는 흉내만 내므로, 이번에는 학교 근처로 이사했다. 그러자, 항상 예의 범절을 흉내내고 놀게 되었으므로, 맹자의 어머니는 마침내 거기에 눌러 살아 예의 범절을 익히게 했다는 옛일. 교육에는 환경의 감화가 크다는 가르침. 同 맹모 삼천지교(孟母三遷之教). 出典

列女傳

면목 약여(面目躍如)

세상의 평가나 지위에 걸맞게 활약하는 모양.

면목 일신(面目一新)

남을 대하는 얼굴. 세상에 대한 체면이나 명예. 사물의 모양, 일의 상태를 완전히 새롭게 고침.

면벽 구년(面壁九年)

달마가 중국 숭산의 소림사에서, 벽을 대하고 9년 동안 좌선하여 정신을 단련한 옛일에서, 오랫동안 혼자서 노력하여, 괴로움을 이기고 도를 깨달음. 달마는 인도에서 태어난 고승으로 중국 선종의 시조임.

면종 복배(面從腹背)

그 사람이 보는 데서만 복종하는 체하고, 속으로는 복종하지 않고 반대함.

면종 후언(面從後言)

남의 면전에서는 아첨하여 복종하고, 돌아서서는 이러쿵저러쿵 욕을 하고 비난함. 出典 書經 益稷篇

면향 불배(面向不背)

앞에서 보거나 뒤에서 보아도 똑같이 훌륭하여 앞뒤의 구별이 없는 것.

면허 개전(免許皆傳)

스승이 예술 또는 무술의 깊은 뜻을 남김없이 제자에게 전해 줌.

멸사 봉공(滅私奉公)

사(私)를 버리고 공(公)을 위하여 힘써 일함.

멸죄 생선(滅罪生善)

염불, 참회 등 부처를 믿고 현세의 죄악을 소멸하고, 후세에 선(善)의 과보를 낳게 함.

명경 지수(明鏡止水)

밝은 거울과 잔잔한 물처럼, 요사스런 생각이 전연 없어, 맑은 물 같은 심경의 비유. 同 허심 탄회(虛心坦懷). 出典 莊子 德充符篇

명기 누골(銘肌鏤骨)

살갗에 새기고, 뼈에 새김. 깊이 마음에 새겨 잊지 않음. 同 명심 누골(銘心鏤骨).

명론 탁설(名論卓說)

이름난 논문과 뛰어난 학설.

명명 백백(明明白白)

아주 명백함. 아주 똑똑하게 나타난 모양.

명모 호치(明眸皓齒)

밝고 번쩍번쩍 빛나는 맑은 눈동자와 하얀 이. 곧, 미인의 형용. 당나라 현종 황제 때, 안녹산의 난으로 수도 장안이 함락, 황제는 양귀비를 데리고 달아난다. 붙잡힌 몸이 된 시인 두보는 남의 눈을 피하여 황후와 귀족의 유람지인 명승 곡강못을 찾아가, 눈물을 흘리면서 지은 시가 〈애강두〉. 그중에서 양귀비의 모습을 '명모 호치'라고 표현하였음.

명목 장담(明目張膽)

눈을 크게 뜨고, 담력으로 아무것도 두려워하지 않고 용기를 내어 일을 함. 出典 唐書 韋思謙傳

명문 이양(名聞利養)

名聞은 세상에 명예가 널리 퍼짐. 利養은 이익으로 몸을 기르며 지냄. 명예와 부(富)는 사람의 두 가지 욕망. 出典 菩提心論

명산 승천(名山勝川)

아름다운 산이나 강이 있는 경치 좋은 곳.

명성 자심(名聲藉甚)

평판이 높음. 명성이 대단하여 세상에 널리 퍼짐. 出典 漢書 陸賈傳

명예 만회(名譽挽回)

한 번 잃은 명예를 다시 되찾는 것. 出典 穀梁傳

명전 자성(名詮自性)

自性은 사물의 본바탕. 전은 갖춤. 名은 몸. 이름은 그 사물의 본성을 잘 나타낸다는 뜻. 出典 唯識論

명주 암투(明珠闇投)

보배로운 구슬을 어두운 밤에 남에게 던져 줌. 아무리 귀한 것이라도 남에게 줄 적에는 여러 모로 마음을 쓰지 않으면 도리어 이상히 여기고, 원한을 살는지도 모른다. 또 재능이 있어도 남이 알아주지 않음의 비유. 出典 史記 鄒陽傳

명창 정궤(明窓淨几)

밝은 창과 깨끗한 책상. 곧 잘 정돈된 서재. 出典 歐陽修 〈試筆〉

명철 보신(明哲保身)

사리에 밝고 똑똑하고 도리를 좇아 사물을 처리하고, 몸을 온전히 보전한다는 뜻으로, 즉 위태한 다리는 건너지 않고, 몸의 안전을 꾀하면서, 매사에 법도를 지켜 온전하게 처신하는 태도를 말함. 出典 詩經 大雅 烝民篇

모색 창연(暮色蒼然)

해질녘의 경치가 어두워 가는 모양.

모순 당착(矛盾撞着)

→자가 당착.

모운 낙일(暮雲落日)

저녁 구름에 지는 해. 나라가 쇠퇴하였음을 슬퍼하는 정.

모운 춘수(暮雲春樹)

멀리 떨어져 있는 친구를 그리워하는 마음이 간절함.

모원 단장(母猿斷腸)

창자가 끊어지는 것 같은 슬픔, 애통함의 형용. 진(晉)나라 환온(桓溫)이 촉나라를 치려고 양자강 계곡에 배를 띄웠을 때, 어느 병사가 새끼원숭이를 사로잡았다. 어미원숭이는 비통하게 울며 배를 뒤좇아 배에 뛰어올라 죽으매, 배를 갈라 보니 창자가 토막토막 끊겼더라는 고사.

모합 심리(貌合心離)

貌는 모습, 행동, 겉 등의 뜻이 있어, 교제하는 데 있어 겉만 꾸미어 성의가 없음.

목불식정(目不識丁)

→일자 무식(一字無識).

목불인견(目不忍見)

눈으로 차마 볼 수 없음.

목사 기사(目使氣使)

입으로 지시하지 않고, 눈의 표정이나 낯빛으로 부하를 부리

는 것. 권세를 떨치는 모양. 出典
漢書

목식 이시(目食耳視)

맛있는 것보다 보기에 아름다운 음식을 좋아하고, 몸에 맞는 것보다 귀로 들은 유행하는 의복을 입는다. 외관을 위해서 의식(衣食) 본래의 목적을 놓치고 사치로 흐르는 것.

목인 석심(木人石心)

나무 몸에 돌 마음. 감정이 전연 없는 사람. 同 목석(木石). 出典 晋書 夏統傳

몽매지간(夢寐之間)

자는 동안이나 꿈을 꾸는 동안. 곧 무슨 사물을 잊지 못함을 이름. 없는 일에 지나치게 몰두함을 이름.

몽환 포영(夢幻泡影)

만사가 덧없음의 비유. 인생은 꿈인가, 환영인가, 물거품인가, 그림자인가. 同 몽환 포말(夢幻泡沫). 出典 金剛般若經

무간 지옥(無間地獄)

심한 괴로움이 끊이지 않는 세계. 팔열 지옥(八熱地獄)의 여덟째. 부모를 죽이거나, 불신을 상하거나 하는 가장 무거운 죄를 범한 자가 떨어지는 지옥으로, 쉬지 않고 책망듣는 괴롭힘을 당한다 함. 出典 成實論

무고지민(無告之民)

누구에게도 자기의 괴로움을 하소연할 수 없는 백성. 곧 아내·자녀·남편이 없는 의지할 곳 없는 가난한 사람이나 부모가 없는 사람.

무념 무상(無念無想)

모든 생각을 떠남. 무아의 경지에 이르러 일체의 상념이 없음. 出典 白居易〈對小潭寄遠上人詩〉

무릉 도원(武陵桃源)

무릉의 어부가 곡천을 거슬러 올라가는 동안에 우연히 복숭아 꽃이 피는 숲으로 들어갔다 다시 거슬러 올라가니, 물이 근원으로 숲은 끝나고, 그 앞은 산이었다. 산의 작은 구멍을 빠져 나가니 울창한 숲이 있고, 거기에 사는 사람들은 진(秦)나라 때, 난을 피하여 옮아 온 뒤로, 외계와의 교제를 끊고 있었기 때문에 세상이 달라진 것을 전연 모르고 있었다. 며칠 묵고 떠났으나, 그 뒤로는 아무도 거기를 찾아내지 못했다. 그 지명으로 말미암아 무릉 도원이라 한다. 지금의 도원현 도원산. 이 옛일로 세상에서 떨어진 딴세상을 말함. 별천지(別天地). 出典 陶淵明〈桃花源記〉

무리 난제(無理難題)

도리에 맞지 않는 트집. 풀

수 없는 문제나, 도저히 승복할
수 없는 조건. 出典 顔氏家訓

무명 장야(無明長夜)
　사물을 있는 그대로 보지 못
하는, 가장 근본적인 번뇌로 해
서, 중생이 사생 유전하여 그치
지 않음을 긴 밤에 비유하여 말
함.

무미 건조(無味乾燥)
　이야기의 내용이나 문장이 아
무런 맛도 재미도 없는 것. 모
래를 씹는 것같이 맛이 없는
것.

무방지민(無方之民)
　方은 도의(道義). 도를 행할
줄 모르는 백성. 出典 禮記

무변 세계(無邊世界)
　끝없는 세상. 허공. 또는 무수
한 세계가 한없이 존재함.

무병 식재(無病息災)
　무사하고 건강한 것. 앓지도
않고, 건강한 것. 또 그 모양. 出典
漢書 王嘉傳

무병 신음(無病呻吟)
　병도 아닌데 괴로워 앓는 소
리를 냄. 곧 별것도 아닌데 떠
벌려 소란을 떨거나 아우성치는
것.

무사 무편(無私無偏)

사람을 접함에 있어, 사심없
이 공평하여 치우치지 않는 것.

무사 식재(無事息災)
　사고나 병 따위 걱정거리가
없이 평온하게 지냄.

무산 운우(巫山雲雨)
　남녀가 꿈속에서 결합함. 또
남녀의 정이 두터움.

무산지몽(巫山之夢)
　무산은 중국 사천성 무산현에
있는 명산. 초(楚)나라 양왕(襄
王)이 고당(高唐)에서 놀다가
낮잠을 자는데 꿈에 무산의 신
녀(神女)가 나타나 이와 인연을
맺었다는 옛일에서 남녀의 정이
아기자기함을 이름. 同 무산 운
우(巫山雲雨). 出典 文選

무상 신속(無常迅速)
　無常은 산스크리트의 아니토
야(불확실한)의 뜻. 이 세상에
존재하는 모든 것은 생기고 없
어지고 바뀌어 달라져서 그대로
있지 않음. 또 인생이 덧없음.
또한 생멸과 변화의 속도가 빠
름. 사람의 죽음이 빨리 옴.

무아 도취(無我陶醉)
　자아(自我)를 잊고 도취함.

무아 몽중(無我夢中)
　어떤 사물에 열중하여 자기를
잊고, 다른 사물을 돌아보지 않

는 것, 한 가지에 열중하여 다
른 것은 모르게 되는 것. 出典
論語, 列子

무악 부조(無惡不造)
　온갖 나쁜 짓을 함.

무예 대식(無藝大食)
　재주 없는 사람이 많이 먹음.
出典 北史

무욕 염담(無慾恬淡)
　욕심이 없어 깨끗하고 담담
함.

무용지용(無用之用)
　얼른 보기에 아무짝에도 쓸모
없이 보이는 것이 도리어 큰 구
실을 함을 말함. 出典 莊子 外物
篇

무운 장구(武運長久)
　전쟁에 이기어 살아 남느냐,
지고 망하느냐 하는 무인의 운
명. 이기는 전쟁이 오래 계속되
는 것.

무위 도식(無爲徒食)
　아무 하는 일 없이 먹기만
함. 놀고 먹음.

무위 무책(無爲無策)
　하는 일도 없고 할 방법도 없
음. 할 도리가 없음.

무위지치(無爲之治)

　성인(聖人)의 덕은 지극히 커
서 일을 하지 아니하여도 자연
히 천하가 잘 다스려짐. 出典 論
語

무이 무삼(無二無三)
　'둘도 없고 셋도 없다'는 뜻으
로, 부처가 되는 길은 오직 하
나로, 두 길, 세 길은 없음을 말
함. 성불(成佛)의 길은 오직 하
나, 다른 길이 없다. 단지 하나
임. 또는 한눈 팔지 않고 오로
지. 出典 甲陽軍鑑

무지 몽매(無知蒙昧)
　지식이 없고 사물의 도리에
어두움.

무편 무당(無偏無黨)
　어느 쪽에도 치우치지 않고
중립 공평하게 패를 짓지 않는
것.

무학 문맹(無學文盲)
　배우지 않아서 글자를 모름.

묵식 심통(默識心通)
　말하지 않고 기억함. 말을 하
지 않아도 이심 전심으로 사물
의 이치를 깨닫는 것.

묵자 읍사(墨子泣絲)
　묵자는 중국 전국 시대의 사
상가로, 하얀 실을 보고, 그것이
무슨 빛깔로도 물드는 것을 알
고 울었다는 옛일에서, 사람은

습관·환경에 따라, 그 성품이 착할 수도 있고 악할 수도 있음의 비유. 同 묵자 비염(墨子悲染). 出典 淮南子

묵적지수(墨翟之守)

성의 수비가 굳세고 튼튼함의 비유. 묵적은 사상가 묵자의 본명. 초나라 공수반(公輸般)이 운제라는 구름까지 닿는 사다리를 만들어 송나라를 치려 했을 때, 묵적은 초나라에 가서 공수반과 좌상(坐上)에서 모의 공방전을 하여, 공수반의 공격을 물리쳐 막았다는 옛일에서 생긴 말. 出典 後漢書 鄭玄傳

문경지교(刎頸之交)

문경은 목을 옆으로 후려 벤다는 뜻. 상대를 위해서는 자기의 목이 잘리더라도 한이 없을 만큼 두터운 우정으로 맺어진 교제. 생사를 함께 할 만큼 친한 사이. 중국의 춘추 시대 때, 조(趙)나라의 염파(廉頗) 장군은, 진(秦)나라와의 담판에 공적이 있던 인상여(藺相如)가 자기보다 윗자리에 앉은 것을 못마땅히 여겨, 인상여에게 창피를 주려고 했다. 이것을 안 인상여는, 매사에 염파를 피했기 때문에 부하들이 분해 하므로, 그는 "진나라가 싸움을 걸지 못하는 것은 조나라에 우리 둘이 있기 때문으로, 지금 이 두 벗이 싸우면 서로가 다 죽고 말

것이다. 나라가 위태로운 이때에 개인적인 원한은 뒤로 돌리고 있는 것이오."라고 말했다. 이 이야기를 들은 염파는 크게 부끄러워하고, 저고리를 벗고 가시나무 회초리를 등에 지고, 인상여의 집을 찾아가 사죄하고, 문경의 사귐을 맺었다는 옛일에서 생긴 말. 出典 史記 藺相如傳

문경지우(刎頸之友)

→문경지교(刎頸之交).

문망지로(蚊虻之勞)

파리와 등에의 수고. 극히 작은 것의 활동.

문명 개화(文明開化)

낡은 폐습을 벗어 던지고 발달된 새 문명을 받아들여 세상이 진보함.

문외 불출(門外不出)

서화·불상 따위 귀중한 물건을 소중히 간직하여, 가지고 밖에 나가지 못하게 함.

문인 묵객(文人墨客)

시문(詩文)이나 서화(書畵) 등 풍류 있는 일에 종사하는 사람.

문전 성시(門前成市)

대문 앞이 저자를 이룸. 곧 세도가의 집 앞은 찾아드는 사람으로 붐빈다는 뜻으로 세상

인심의 덧없음을 이름. 同 문정
여시(門庭如市). 出典 太平記

문전 작라(門前雀羅)
　옛날 인기가 없어져 찾아오는
사람도 없어, 문전에는 참새가
떼지어 놀아, 그물을 치면 잡을
수 있을 만큼 쓸쓸함을 이름.
出典 白居易 詩

문질 빈빈(文質彬彬)
　문명이 눈부신 모양과 질박
함. 또 외견과 내용. 彬彬은 서
로 섞이어 적당히 조화된 상태.
외견이 좋고 내용이 충실하여
조화를 이룬 상태. 出典 論語 雍
也篇

문호 개방(門戶開放)
　출입구를 활짝 열어 놓음. 또
출입을 제한하지 않음. 또 어느
나라의 항구나 시장에 있어서의
외국의 경제 활동을 인정함. 19
세기 말, 중국에 있어서 유럽
여러 나라의 정치적·경제적 독
점을 타파하여, 중국 진출을 꾀
하는 미국은 1899년 국무장관
존헤이의 이름으로 중국의 영토
보전, 문호 개방, 기회 균등에
관한 각서를 각국에 보냈다. 그
뒤, 문호 개방은 경제 시장, 그
밖의 기회 균등의 외교 용어가
되었음.

물각 유주(物各有主)
　물건에는 물건마다 제각기 임

자가 있음.

물견 유산(物見遊山)
　축제나 행사 등 구경거리를
보러 감. 곧 산이나 들로 놀러
가는 것으로써, 기분 전환으로
구경을 가거나 놀러 가는 것.

물정 소연(物情騷然)
　세상이 시끄러워 사람의 마음
이 안정을 얻지 못함. 出典 後漢
書 爰延傳

미래 영겁(未來永劫)
　미래에 걸친 매우 오랜 세월.
끝나지 않는 영원. 영구(永久).

미목 수려(眉目秀麗)
　용모가 뛰어나게 아름다움.
出典 漢書 霍光傳

미문 여구(美文麗句)
　아름다운 글과 구절.

미사 여구(美辭麗句)
　아름답게 꾸민, 들어서 기분
좋은 말. 최근에는 내용이 없는
꼼꼼하지 못하고 거친 말의 나
열을 다소 비꼬아 경멸해서 말
할 경우가 많음. 出典 曹植〈道
德論〉, 韓愈 詩

미생 이전(未生以前)
　父母未生以前의 준말. 부모가
아직 태어나지 않았을 때. 상대
를 초월한 절대 무차별의 경지.

곧 태어나기 이전. 전생(前生).

미생지신(尾生之信)

신의가 두터움. 우직하여 융통성이 없음. 중국 춘추 시대, 노(魯)나라의 미생(尾生)이 다리 밑에서 여자와 만나기로 약속했으나, 여자는 오지 않고 기다리는 동안에 물이 불었으나, 미생은 거기를 떠나지 않고 기둥을 안고 죽었다는 우화에서 나온 말. 出典 莊子 盜跖篇

미염지자(米鹽之資)

생활에 우선 필요한 쌀과 소금을 살 돈. 생활의 비용. 생계비.

미진 분회(微塵粉灰)

박살이 난 모양. 산산조각이 남.

민절 벽지(悶絶躃地)

너무 고통스러워서 엎치락뒤치락함.

바라 쌍수(婆羅雙樹)
 석존이 열반에 들 때, 그 사방에 두 그루씩 있었다는 바라수(인도 원산의 상록 교목).

박람 강기(博覽強記)
 널리 고금의 서적을 읽고, 그 내용을 잘 기억하고 있음. 出典 漢詩外傳上

박리 다매(薄利多賣)
 이익을 적게 하여 상품을 많이 팔아, 전체로써 채산을 맞추려는 장사 방법.

박문 강기(博聞強記)
 널리 사물을 보고 들어, 잘 외고 있음. 同 박문 강지(博聞強志). 박문 강식(博聞強識).

박문 약례(博文約禮)
 널리 학문을 닦아 사리(事理)를 연구하고, 이것을 실행하는 데 예의로써 하여 정도(正道)에 벗어나지 않게 함. 出典 論語 雍也篇

박수 갈채(拍手喝采)
 연달아 손뼉을 치며 환영하거나 칭찬함.

박인 방증(博引傍證)
 많은 예를 들어 가며 그것을 증거로 하여 설명함.

박지 약행(薄志弱行)
 의지가 약하여 일을 해내는 기력이 부족함.

박학 다재(博學多才)
 널리 학문을 배워, 폭넓은 지식을 가지고 재능이 많음. 또 그런 사람.

반간 고육(反間苦肉)
 적을 이간시키기 위해서 자기 편의 고통을 돌보지 않음.

반근 착절(盤根錯節)
 구불구불 구부러진 뿌리에 얽힌 마디. 뒤얽혀서 처리하기 어려운 일. 중국, 후한(後漢)의 우후(虞詡)가 도적의 무리가 위세를 떨치고 있는 조가현(朝歌縣), 현재의 안휘성에 장관으로 부임할 때에 "반근 착절을 만나지 못하면, 예리한 칼도 그 진가를 알 수 없다."고 말한 옛일. 出典 後漢書 虞詡傳

반룡 부봉(攀龍附鳳)

용에게 매달려 봉황을 따름.
뛰어난 군주를 좇아 공명을 세
움의 비유. 또 지덕이 뛰어난
스승에게 배워, 그 제자가 덕을
이룸. 出典 後漢書 光武紀

반사 반생(半死半生)
　반은 죽고 반은 산 상태.

반성 반수(半醒半睡)
　반은 깨고 반은 자고 있음.
깼는지 자는지 모를 몽롱한 상
태.

반식 대신(伴食大臣)
　무능한 대신. 또 그 직위에
있으면서 직책을 다하지 않는
것. 出典 舊唐書

반식 재상(伴食宰相)
　반식은 귀인을 모시고 먹음.
어지간한 직책이나 지위에 있으
면서, 실력이 따르지 않아, 유능
한 재상의 곁에 달라붙어 자리
에 붙어 있는 무능한 재상. 당
나라 현종(玄宗) 시대, 청렴 결
백하고 검약가였던 노회신(盧懷
愼)이 요숭(姚崇)과 함께 재상
직에 있었을 때, 모든 일을 요
숭에게 맡기고 자신은 한 걸음
물러서 있었다. 그래서, 당시 사
람들은 노회신을 반식 재상이라
고 했다는 옛일. 出典 舊唐書 盧
懷愼傳

반신 반의(半信半疑)
　반쯤은 믿고 반쯤은 의심함.

반포지효(反哺之孝)
　까마귀는 새끼가 깨면 60일
동안 먹이를 물어다가 먹이는
데, 그 까마귀가 자라면 역시
60일 동안 어미에게 먹이를 물
어다 주어, 길러 준 은혜를 갚
는다는 중국 고래의 전설. 곧
자식이 어버이를 봉양하여 그
은혜를 갚는 효행.

발고 여락(拔苦與樂)
　중생의 괴로움을 거둬 버리
고, 즐거움을 줌. 불교에서 자비
를 베품.

발란 반정(撥亂反正)
　어지러운 세상을 잘 다스려서
본디의 바른 상태로 돌림. 出典
春秋公羊傳 哀公 十四年

발본 색원(拔本塞源)
　나무의 뿌리를 뽑아 버리고,
물의 근원을 막아서 통하지 않
게 함. 곧 사물의 근원까지 거
슬러 올라가 처리함. 出典 春秋
左氏傳 昭公 九年

발분 망식(發憤忘食)
　식사하기를 잊을 만큼 일이나
공부에 집중하여 전념하는 것.
出典 論語

발산 개세(拔山蓋世)
　산을 뽑아 내어, 세상을 덮을

만큼의 기력(氣力). 씩씩하고 군센 기세가 대단히 강함의 비유. 出典 史記 項羽紀

방가 고음(放歌高吟)
　조심성 없이 큰 소리로 노래를 부름.

방약 무인(傍若無人)
　남 앞에서 거리끼지 않고, 마치 곁에 아무도 없는 것처럼 언행을 제멋대로 하는 것을 일컫는 말. 出典 晋書 王敦傳

방언 고론(放言高論)
　생각나는 대로 자유로이 논함.

방예 원조(方枘圓鑿)
　네모난 자루를 둥근 구멍에 박으려면 들어가지 않듯이, 사물이 서로 맞물리지 않음의 비유.

방외지국(方外之國)
　方外는 울타리 밖. 외국, 이민족의 땅을 말함.

방저 원개(方底圓蓋)
　네모난 그릇에 둥근 뚜껑. 엇갈리어 서로 맞지 않음의 비유. 出典 顔氏家訓

방탕 무뢰(放蕩無賴)
　술과 여자에 빠져, 일은 안하고 불량한 짓을 함.

배반 낭자(杯盤狼藉)
　술잔치 끝에 잔이랑 접시 따위가 흩어져 어지러운 상태. 이리가 풀을 깔고 자고 난 자리. 出典 史記 滑稽傳

배수 거신(杯水車薪)
　한 바가지의 물로 한 수레나 되는 장작의 불을 끄려 한다. 전연 소용없는 일의 비유. 出典 孟子 告子上篇

배수지진(背水之陣)
　한(漢)나라의 명장 한신(韓信)이 일부러 강을 등지고 진을 쳐, 물러설 수 없는 결사의 각오로 적과 싸워, 조군(趙軍)을 무찌른 옛일에서 각오를 단단히 하고 전력으로 일의 성부(成否)를 시도하는 것. 出典 史記 淮陰侯傳

배주 해원(杯酒解怨)
　주석에서 술잔을 주거니 받거니 하는 동안에 옛날의 원한을 잊음. 出典 唐書 張延賞傳

배중 사영(杯中蛇影)
　아무것도 아닌 일에 신경을 괴롭히고, 육체적으로도 병이 되는 것. 한(漢)나라의 두선(杜宣)이 상사의 집에서 술을 대접받았다. 잔 속에 비친 붉은 칠한 활의 그림자를 뱀으로 알고는 오싹 소름이 끼쳤으나, 상사의 앞이라 그냥 마시고 병이 되었다. 나중에 그것이 벽에 걸린 활의 그림자였음을 알고, 금방 병이 나았다고 함. 의심이 괴물을 낳는다는 비유. 出典 晋書 樂廣傳

백가 쟁명(百家爭鳴)

많은 학자에 의한 활발한 논쟁. 1957년에 시작된 중국 공산당의 제2차 정풍 운동에 즈음하여, 당에의 대중 비판을 활발히 한 슬로건으로 내걸었음.

백거 백전(百擧百全)

하는 일마다 잘되어 감의 비유. 出典 魏志

백귀 야행(百鬼夜行)

가지가지 요괴가 밤의 어둠 속에 돌아다님. 흉악한 놈이나 괴상한 인물이 때를 만나 제멋대로 날뜀.

백년 하청(百年河淸)

가망도 없는 것을 언제까지나 기다리는 것. 오랜 동안 기다려도 바라는 것이 이루어지지 않는 것. 河는 황하(黃河). 중국 대륙을 흐르는 황하는 황토 지대를 흐르므로, 누렇게 흐려 있으나, 천 년에 한 번은 맑아진다고 전함. 出典 春秋左氏傳

백두 여신(白頭如新)

서로 백발이 되기까지 사귀고 있어도 마음을 알지 못하면 새로 사귄 것이나 같다. 곧 친구가 서로 마음을 몰랐던 것을 사과하는 말. 出典 史記 鄒陽傳

백락 일고(伯樂一顧)

백락이 한 번 돌아다봄. 백락은 중국 춘추 시대의 말의 감정가. 명마도 백락을 만나지 못하면 그 진가를 알아내지 못한다. 어떤 자가 말을 팔려고 시장에 냈으나 쉽사리 팔리지 않으므로, 백락에게 한번 보아 달라고 부탁했다. 백락은 돌아섰다가 다시 한번 돌아다보았다. 그러자, 말값이 갑자기 십배로 뛰었다는 옛일에서, 훌륭한 사람에게 인정받음을 이름. 出典 後漢書 隗囂傳

백룡 어복(白龍魚腹)

신성하고 영력(靈力)을 가진 용이 물고기로 모습을 바꾸었기 때문에 어부에게 붙잡힌 데서, 신분이 높은 사람이 남루한 옷을 입고 슬그머니 나다녀서 위태한 경우를 당함을 이름. 出典 說苑 正諫

백면 서생(白面書生)

나이가 어려서 경험이 부족한 서생. 풋내기. 出典 宋書 沈慶之傳

백문 일견(百聞一見)

백 번 되풀이하여 듣기보다는, 단 한 번 보는 편이 훨씬 알기 쉽다. 곧 남에게 이야기를 듣기보다는 자신의 눈으로 실제로 보는 편이 확실하다는 뜻. 出典 漢書 趙充國傳

백발 백중(百發百中)
　총・활 따위를 쏠 때마다 과녁을 맞힘. 곧 예상이나 계획이 모두 겨눈 대로 됨. 出典 史記 周本紀

백벽 미하(白璧微瑕)
　백벽은 흰 옥(玉). 흰 옥에도 흠이 있어서 완벽하지 않음. 훌륭한 것에도 약간의 결점이 있음의 비유. 出典 昭明太子〈陶淵明集序〉

백사 청송(白砂靑松)
　흰 모래톱의 사이사이에 푸른 소나무가 드문드문 섞인 바닷가의 아름다운 경치.

백수 공귀(白首空歸)
　나이를 먹어서 머리털이 희어져도 학문이 성취되지 않는 것. 出典 後漢書

백수 북면(白首北面)
　백수는 백발의 노인. 재능이 없는 자는 늙어도 더욱 선생에게 배워야 함을 이름. 북면은 스승을 섬긴다는 뜻.

백술 천려(百術千慮)
　여러 가지 방책을 마음을 써서 생각함.

백아 절현(伯牙絶絃)
　친구의 죽음을 슬퍼함. 중국 춘추 시대의 사람으로 거문고의 명수였던 백아(伯牙)는 자기가 뜯는 거문고 소리를 들어 주던 친구인 종자기(鍾子期)가 죽자, 들어 줄 사람이 없어진 것을 슬퍼하여 거문고를 깨뜨려 버리고, 두 번 다시 뜯지 않았다는 옛일. 同 단금지교(斷金之交). 出典 呂氏春秋 本味篇

백안 청안(白眼靑眼)
　마음에 들지 않는 것을 보는 눈초리와 마음에 드는 것을 보는 눈초리. 또 정다운 눈초리와 미워하는 눈초리. 곧 눈을 치켜 뜨면 백안, 마주 보면 청안. 出典 晉書 阮籍傳

백약지장(百藥之長)
　술의 딴이름. 본디는 중국의 신(新)나라 국왕 왕망(王莽)이, 소금・술・쇠를 전매(專賣)하기로 했을 때의 조서(詔書)에 있는 말. 신나라는 전한과 후한 사이의 14년 동안 있었던 나라. 出典 漢書

백일 승천(白日昇天)
　도를 극진히 닦아 육신을 가진 채 대낮에 하늘에 오름. 곧 선인(仙人)이 됨을 이름. 곧 부자가 됨. 出典 魏書 釋老志

백전 백승(百戰百勝)

백 번 싸워 백 번 이김. 싸우면 반드시 이김. "백전 백승은 선(善)이나 최선은 아니다. 싸우지 않고 이기는 것이 최선이다."의 뜻. 出典 管子 七法篇

백전 연마(百戰鍊磨)

전쟁이나 시합을 거듭하여 경험을 쌓아 기량이 향상됨.

백절 불요(百折不撓)

몇 차례 좌절해도 뜻을 굽히지 않음. 同 칠전 팔기(七顚八起).

백주지조(柏舟之操)

柏舟는 잣나무로 만든 배. 중국 위나라의 공백(共伯)이 젊은 나이에 죽어, 그 아내 공강이 절개를 지키고 있었는데, 친부모가 집으로 데려다가 재가시키려 하자, 듣지 않고 지은 시에 "잣나무배가 강 가운데 있다네"라는 구절이 있어 생긴 말임. 곧 남편을 잃은 처가 정절을 지켜 재혼하지 않는 것을 말한다. 出典 朱熹〈與陳師中書〉

백중지간(伯仲之間)

두 사람의 인격, 기량, 재능이 비슷비슷하여 우열을 가리기 어려움. 伯仲은 옛날 중국의 형제를 부르는 차례로 백(伯), 중(仲), 숙(淑), 계(季)라고 했음. 同 난형 난제(難兄難弟).

백척 간두(百尺竿頭)

길이가 백 척이나 되는 긴 장대 위에 있어서 다시 한걸음 더 나간다는 뜻으로, 이미 노력해서 극점에 이르러 있으나 다시 더 노력해서 향상하려 함. 出典 傳燈錄

백토 적오(白兎赤烏)

백토는 달, 적오는 해. 곧 시간.

백해 무익(百害無益)

해롭기만 하고 하나도 이로울 것이 없음.

백홍 관일(白虹貫日)

흰빛 무지개가 태양을 뚫고 걸림. 진심이 하늘에 통한 증표로 나타난다고 함. 또 병란(兵亂)이 일어날 조짐이라 함. 出典 史記 鄒陽傳

백화 요란(百花燎亂)

가지가지 꽃이 피어 만발함. 곧 뛰어난 인재가 많이 모인 것의 비유.

백화 제방(百花齊放)

여러 가지 수많은 꽃이 일제히 핌. 또 모든 분야의 학문·기술이 함께 성함의 비유.

백화지원(白華之怨)

사랑을 잃은 여성의 슬픔. 出典 漢書

번문 욕례(繁文縟禮)

繁文은 번거로운 꾸밈. 縟禮는 자질구레한 법식(法式). 자잘하고 번거로운 규칙과 법식. 형식이 복잡하고 번거로운 수속. 出典 禮記, 宋史

번운 복우(翻雲覆雨)

손바닥을 뒤집듯이, 인정의 변하기 쉬움을 비유. 손바닥을 위로 향하면 구름이 일고, 아래로 향하면 비가 내린다. 작은 일로 마음이 변함을 이름.

벌성지부(伐性之斧)

타고난 소질이나 천명(天命)을 끊는 도끼. 사람의 마음을 어지럽히는 여색(女色)이나 복권 따위에 뽑히는 것과 같은 우연한 행운 따위를 가리킴.

범성 일여(凡聖一如)

범인도 성인도 본성은 일체 평등임. 중생도, 깨달음을 얻은 여래(如來)도, 그 본질은 평등함.

법계 인기(法界悋氣)

자기에게 직접 관계없는 일로 남을 질투하는 일. 특히 남의 사랑을 샘하여 질투하는 것을 가리켜 말함.

변환 자재(變幻自在)

변화하거나 출몰함이 마음대로임.

병입 고황(病入膏肓)

병이 깊이 들어 치료할 수 없음을 이름. 고황은 병이 그 속에 들어가면 낫기 어렵다는 몸의 한 부분. 出典 春秋左氏傳 成公 十年

보대 상전(譜代相傳)

대대로 이어내려 그 집에 전하는 일. 곧 가계(家系)를 이음.

보본 반시(報本反始)

근본으로 돌아가, 천지(天地)와 부조(父祖)의 은혜에 보답함. 出典 禮記

보원 이덕(報怨以德)

원한 있는 자에게 은덕으로써 갚음. 곧 앙갚음하지 않음. 出典 老子 第六十三章

복거지계(覆車之戒)

앞의 수레가 뒤집히는 것은 뒤의 수레에 경계가 됨. 곧 앞사람의 실패를 본보기로 하여 뒷사람이 같은 실패를 하지 않도록 조심함을 뜻함. 이에 반해서, 앞사람이 범한 잘못과 같은 잘못을 하는 것을 전철(前轍)을 밟는다고 함. 出典 晋書 庾純傳

복덕 원만(福德圓滿)

복과 덕, 즉 행복과 이익이 충분히 갖추어져 넘침.

복룡 봉추(伏龍鳳雛)

물 속에 잠겨 있는 용과 봉황의 새끼, 세상에 알려지지 않은 큰 인물과 장래 유망한 젊은이의 비유.

복모 구구(伏慕區區)

"삼가 사모하는 마음 그지없습니다."의 뜻으로 상대방을 높이어 편지에 쓰는 말.

복모 불임(伏慕不任)

"삼가 사모하여 아뢰나이다."의 뜻으로 편지에 쓰는 말.

복수 불반(覆水不返)

한 번 엎질러진 물은 다시 동이(그릇)로는 돌아오지 않는다. 곧 한 번 헤어진 부부의 사이는 본디대로 되지 않음의 비유. 한 번 저지른 잘못은 돌이킬 수 없음. 出典 後漢書 何進傳

복심지우(腹心之友)

腹心은 배와 가슴. 마음의 바닥. 진심. 진심으로 믿을 수 있는 친한 친구. 出典 漢書

복잡 괴기(複雜怪奇)

일이나 사물이 뒤엉켜 복잡하고 이상함.

복잡 다기(複雜多岐)

어떤 사물이 다방면에 걸쳐 있어 혼잡함.

복패지환(覆敗之患)

처부수어 망할 염려. 배가 뒤집힐 걱정. 전쟁에 패할 두려움. 집안의 운세가 기울 걱정.

본가 본원(本家本元)

가장 근본이 되는 집이나 사람. 사물의 근원, 중심이 되는 곳.

본말 전도(本末顚倒)

사물의 근본적인 것과 지엽 말절이 뒤바뀐 것.

본지 백세(本支百世)

근본과 갈린 것이 오래 번영함. 곧 한 가문이 오래 영화로움. 出典 詩經 大雅 文王篇

봉두 구면(蓬頭垢面)

쑥처럼 흐트러진 머리털과 때가 낀 얼굴이라는 뜻으로 옷차림에 마음을 쓰지 않고 무관심한 것. 出典 魏書 封軌傳

봉두 역치(蓬頭歷齒)

흐트러진 머리털과 드문드문한 이빨. 곧 노인의 용모를 형용하는 말.

봉복 절도(捧腹絶倒)

배를 안고, 거의 숨을 쉴 수 없어서 쓰러질 만큼 크게 웃음. 同 포복 절도(抱腹絶倒).

봉시 장사(封豕長蛇)

식욕이 왕성한 큰 돼지와 먹

이를 씹지 않고 통째로 삼키는
긴 뱀. 탐욕이 잔인하고 싫증을
모르는 자를 이름. 出典 春秋左
氏傳 定公 四年

부국 강병(富國強兵)
  부유한 나라와 강한 군사. 또
는 나라를 부유하게 하고 군대
를 강하게 함.

부국 안민(富國安民)
  나라를 풍요롭게 하여 국민을
안심시킴. 出典 後漢書

부득 요령(不得要領)
  요령을 잘못 잡음.

부어 증진(釜魚甑塵)
  甑은 밥 따위를 찌는 시루.
후한의 범염(范冉)이 가난하기
때문에 밥을 짓지 않으므로 시
루에 먼지가 쌓이고, 솥 속에
물고기가 생겼다는 옛일에서 대
단히 가난하여 밥을 짓지 못함
의 비유. 類 부중 생어(釜中生
魚). 出典 後漢書 范冉傳

부운 조로(浮雲朝露)
  하늘의 뜬구름과 아침의 이
슬. 덧없고 믿을 수 없음의 비
유. 또 믿을 수 없는 것. 出典
周書 蕭大圜傳

부월지주(斧鉞之誅)
  부월은 작은 도끼와 큰 도끼
로, 죄인을 고문하는 형구. 또,

고대 중국에서 싸움터에 나가는
장군에게 임금이 준 병사 통솔
의 증표, 죄를 범한 자를 가차
없이 처단했다. 곧 극형에 처함.
중형(重刑). 出典 莊子

부자 상전(父子相傳)
  비결을 아버지가 아들에게로
대대로 전하는 것. 흔히는 말이
나 몸으로 전수함. 재산이나 비
전(祕傳)에도 씀. 出典 水滸傳
六十七回

부중지어(釜中之魚)
  솥 속의 생선이 이윽고 삶아
진다는 뜻에서 죽음의 위험이
가까이 닥쳤음의 비유. 出典 資
治通鑑

부창 부수(夫唱婦隨)
  남편이 말을 꺼내면 아내가
그것을 따름. 내외가 의좋게 화
합함을 이름. 出典 關尹子三極

부패 타락(腐敗墮落)
  법규·제도 등이 문란하고 못
된 구렁에 빠짐.

부화 뇌동(附和雷同)
  자기에게 정해진 주의 주장이
없고, 다만 남의 행동에 동조해
서 따라감.

북망지연(北邙之煙)
  북망은 중국 하남성 낙양현
동북쪽에 있는 산. 한나라 이후

공동 묘지. 곧 죽어 화장되어
연기가 되는 것. 同 북망지진
(北邙之塵).　　북망지로(北邙之
露).

북문지탄(北門之嘆)
　벼슬한 뒤에 뜻대로 되지 않
아 그를 한탄함을 이름.

분골 쇄신(粉骨碎身)
　뼈가 가루가 되고 몸이 부서
지도록 노력함. 몸을 아끼지 않
고 힘껏 일함.

분금 자학(焚琴煮鶴)
　거문고를 불사르고 학을 삶
음. 풍류가 없어 살풍경함.

분려 노력(奮勵努力)
　기력을 떨쳐 일어나 힘쓰는
것. 떨쳐 일어나 행하고 힘쓰는
것. 出典 後漢書 第五倫傳

분방 불기(奔放不羈)
　제멋대로 굴어서 속박되지 않
음. 속박을 싫어해서 멋대로 행
동함.

분서 갱유(焚書坑儒)
　진나라 시황제가 기원전 213
년, 승상 이사(李斯)가 올린 의
견에 따라, 의학·복서·농업
이외의 모든 책을 불살라 버리
고, 이듬해 함양에서 유생(儒
生) 460여 명을 생매장해서 죽
인 일. 복서는 길흉을 점치는

일. 出典 史記 秦始皇紀

불가사의(不可思議)
　말로 하는 것도, 마음으로 생
각하여 헤아릴 수도 없음. 사람
의 힘이 미치지 않는, 상상노
할 수 없는 모양. 곧 괴상한 것.
곧 부처의 지혜나 신통력. 出典
資治通鑑, 景德傳燈錄

불가항력(不可抗力)
　인간의 힘만으로는 어떻게 할
수 없는 힘. 천재 지변 등 사람
의 힘이 미치지 않는 자연계의
위대한 힘.

불공대천(不共戴天)
　함께 하늘을 이고 살 수 없
음. 곧 원수진 사이를 이름.

불구대천(不俱戴天)
　깊은 원한이나 미움 때문에,
상대를 이 세상에 살려 둘 수
없는 것. 본래는 아버지의 원수
를 말함. 出典 禮記 曲禮上篇

불기 분방(不羈奔放)
　속박 받지 않고 자유로운 것.
곧 재능이나 학식이 너무 뛰어
나, 일반적인 규정이나 규칙으
로는 복종시키지 못하는 것. 出典
文選

불두 착분(佛頭著糞)
　부처의 얼굴에 새가 똥을 싼
다는 뜻으로 좋은 저서(著書)에

서투른 서문(序文)을 쓴다는
뜻. 구양수(歐陽修)가 오대사
(五代史)를 지었는데, 어떤 사
람이 서문을 붙이려 하자, 왕안
석(王安石)이 보고는 "어찌 부
처님 얼굴에 똥칠을 하려 하는
가?"라고 한데서 나온 말. 出典
典籍便覽

불령지배(不逞之輩)
　쓸모 없고, 불법적인 행동을
하는 사람. 곧, 한을 품고 마음
에 즐기지 않음. 出典 春秋左氏
傳

불로 불사(不老不死)
　언제까지나 나이를 먹지 않고
죽지 않음. 또 사람이 가장 장
수함. 出典 列子

불립 문자(不立文字)
　깨달음의 길은 문자나 말로써
전하는 것이 아니라 마음에서
마음으로 전하는 것. 선종(禪宗)
의 교리(敎理)임.

불면 불휴(不眠不休)
　잠 자지 않고, 조금도 쉬지
않고, 사물에 힘껏 노력하는 것.
出典 列子

불생 불멸(不生不滅)
　생겨나지도 않고 없어지지도
않고, 항상 변하지 않음. 깨달음
의 경지. 해탈의 경지. 영원. 出典
般若波羅蜜經

불석 신명(不惜身命)
　불도의 수업을 위해, 스스로
의 몸과 목숨을 아끼지 않고 힘
을 다함.

불언 실행(不言實行)
　말로 나타내지 않고, 잠자코
실행함.

불요 불굴(不撓不屈)
　흔들리지 않고 굽히지 않음.

불즉 불리(不卽不離)
　두 가지의 관계가 붙지도 떨
어지지도 않는 것. 멀지도 가깝
지도 않은 사이. 좋지도 나쁘지
도 않은 사이.

불편 부당(不偏不黨)
　어느 쪽으로도 치우치지 않고
자기편을 만들지 않고서, 중립
을 지킴. 出典 呂氏春秋

붕정 만리(鵬程萬里)
　북해에서 남해까지 붕새가 날
아가는 만리 길. 바다가 대단히
넓음을 말함. 곧 사람이 해외에
갈 때의 앞길이 요원함의 비유.
同 도남지익(圖南之翼).　出典
莊子 逍遙遊篇

비가 강개(悲歌慷慨)
　비장한 노래를 불러, 심하게
탄식함. 세상 형편이나 스스로
의 운명 따위에 분노하여 근심
함. 出典 史記 項羽紀

비견 수종(比肩隨踵)
　어깨를 나란히 하고, 발꿈치를 이음. 곧, 차례차례로 이어져서 끊이지 않음.

비두 출화(鼻頭出火)
　코끝에서 불을 뿜음. 곧 기세가 몹시 성함을 형용.

비례지례(非禮之禮)
　얼핏 보기에는 예의에 벗어나지 않은 듯이 보이나, 실제로는 성의가 없는 형식만의 예의. 出典 孟子

비분 강개(悲憤慷慨)
　슬프고 분해서 마음이 북받침.

비원 사안(鼻元思案)
　당장만 생각하는 얕은 생각. 그 자리에서 떠오른 생각. 임기응변. 同 후원 사안(喉元思案). 비원 요간(鼻元料簡).

비육지탄(髀肉之嘆)
　후한(後漢)말, 촉나라 소열제(昭烈帝)가 된 유비(劉備)가 전란이 없어 안일하게 지내며 말을 타지 않았으므로, 사타구니에 살이 붙은 것을 한탄한 옛일로, 수완과 기량을 떨칠 곳이 없음을 한탄함의 비유. 出典 三國志 蜀志

비이 장목(飛耳長目)
　먼데 것을 잘 보고 듣는 귀와 눈, 학문·사물의 관찰의 넓고 날카로움을 이름. 또 그 도구의 뜻으로, 책을 이름. 同 장목 비이(長目飛耳). 연목 토이(鳶目兔耳). 出典 管子 九守

비익 연리(比翼連理)
　암수가 각각 눈 하나에 날개 하나씩 이어서 짝을 짓지 않으면 날지 못한다는 전설상의 새와 나무의 가지와 가지가 맞닿아 결이 서로 통한 것처럼 부부의 사이가 화목함의 비유.

비희 교교(悲喜交交)
　슬픈 일과 기쁜 일이, 뒤섞이는 것. 슬픔과 기쁨을 번갈아 맛보는 것.

빈계지신(牝鷄之晨)
　암탉이 울어서 새벽을 알림. 곧 이치가 뒤바뀌어 집안이 망할 징조라는 뜻으로 아내가 남편의 할 일을 가로맡아 자기 마음대로 처리함을 이르는 말. 出典 書經 牧誓

빈자 일등(貧者一燈)
　가난한 사람이 밝힌 등불 하나라는 뜻으로, 이는 가난 속에서도 적으나마 보인 성의가, 부귀한 사람들의 많은 보시(布施)보다도 가치가 큼을 이름. 곧, 정성이 소중하다는 뜻. 出典 賢愚經 貧女難陀品

사각 사면(四角四面)
　→근엄 실직(謹嚴實直).

사고 팔고(四苦八苦)
　불교에서 인간이 인생에 있어서 반드시 받지 않으면 안 된다는 온갖 괴로움. 또 어려움을 이기기 위해 몹시 애씀의 비유. 네 가지 괴로움은 생고(生苦), 병고(病苦), 노고(老苦), 사고(死苦). 여덟 가지 괴로움은 네 가지 괴로움에 애별리고(愛別離苦), 원증회고(怨憎會苦), 구부득고(求不得苦), 오음성고(五陰盛苦)를 보탠 것.

사교 사령(社交辭令)
　사회적으로 교제하는 인사. 교제를 위한 칭찬하는 말.

사구 팔가(四衢八街)
　사면 팔방으로 통하는 길.

사대주의(事大主義)
　일정한 주의나 견식을 가지지 않고, 힘이 세고 우세한 자에게 붙어 임시적인 안전을 꾀하려는 생각. 出典 孟子

사라 쌍수(沙羅雙樹)
　석가세존이 쿠시나가라 성밖에서 여든 살로 입적했을 때, 그 자리의 사방에 있었다는 같은 뿌리에서 난 두 그루씩 여덟 그루의 사라수. 입적과 함께 나무마다 한 쪽이 시들어 말랐다 함. 出典 大般涅槃經

사려 분별(思慮分別)
　여러 가지 일에 대한 생각과 사물을 제 분수대로 가림.

사리 명백(事理明白)
　사물의 도리·줄거리가 매우 확실한 것. 불교어로 사리는 현상과 본체. 사물의 도리가 바르게 통하는 것. 出典 韓非子

사리 사욕(私利私慾)
　자기의 이익만을 생각하고 행동하는 비열한 욕망. 同 사리 사복(私利私腹). 出典 管子

사면 초가(四面楚歌)
　주위가 적이나 반대자뿐으로, 한 사람도 자기편이나 돕는 사람이 없음의 비유. 초(楚)나라의 항우가 한(漢)나라 유방(劉邦)의 군사에게 포위되었을 때, 밤에 한나라 군사들에게 초나라의 노래를 부르게 하였다. 이 소리를 들은 항우는 초나라 백성이 모두 한나라에 항복한 줄 알고 놀랐다는 옛일. 出典 史記 項羽紀

사방 팔면(四方八面)
　→사방 팔방.

사방 팔방(四方八方)
　모든 방면, 여러 방면.

사백사병(四百四病)
　인간이 걸리는 모든 병. 인간의 몸을 구성하는 지·수·화·풍(地水火風)의 네 원소의 부조화로 각각의 원소에 백 가지의 병이 일어나 그 원소와 합쳐서 사백사병이라 함. 出典 維摩經

사분 오열(四分五裂)
　여러 갈래로 쪽쪽이 찢어짐. 질서, 통일 따위가 문란함을 이름. 出典 戰國策

사불급설(駟不及舌)
　네 마리 말이 끄는 빠른 수레. 곧 아무리 빠른 수레라도 사람의 혀에는 미치지 못한다는 뜻으로, 소문이 빨리 퍼짐의 비유. 出典 論語 顏淵篇

사사 오입(四捨五入)
　산수의 끝수를 처리하는 방법. 끝수의 최초의 자리가 4이하일 때는 버리고, 5이상일 때

는 올리는 것. 근사치를 구하는 산법.

사상 마련(事上磨鍊)
　개념 중에서가 아니고, 실제로 일에 있어서 징신을 난련함. 중국 명나라의 유학자 왕양명(王陽明)이 학문을 설명한 말. 出典 傳習錄

사서 오경(四書五經)
　유학의 기본인 책. 대학·중용·논어·맹자로, 남송의 주희(朱熹)가 사서 집주(四書集注)를 만들어서, 그 경전으로서의 지위는 오경(五經)에 필적하는 것이 되었음. 오경은 역경·서경·시경·예기·춘추를 말함.

사실 무근(事實無根)
　사실인 근거에 바탕하지 않은 일. 터무니없음.

사심 불구(蛇心佛口)
　뱀과 같은 음험한 마음이면서, 입끝으로만은 부처님처럼 친절함.

사이비자(似而非者)
　겉으로 보기에는 옳은 것 같으면서도 실제로는 아주 다른 것. 出典 孟子 盡心

사이 후이(死已後已)
　죽을 때에야 그만둠. 곧 굳은 의지를 이름.

사자 분신(獅子奮迅)

온갖 짐승 중의 왕인 사자가 갈기를 세우고 세찬 기세로 떨쳐 일어나 돌진하듯이 사물에 대해서 맹렬한 기세로 힘을 다해 싸움의 비유.

사자 상승(師資相承)

스승에게서 제자에게로 법을 전해 감.

사조지별(四鳥之別)

부자(父子)의 이별. 중국 환산(桓山)의 새가 새끼를 네 마리 깠으나, 이 새끼들이 자라서 날아갈 때, 어미새가 슬퍼서 울며 보냈다는 옛일. 出典 孔子家語

사중 구활(死中求活)

죽을 수밖에 없는 절망적인 상태에 있어도 살 수 있는 길을 찾음. 또 난국을 타개하기 위해 감히 위험한 상태에 뛰어듦을 이름. 出典 後漢書

사중 우어(沙中偶語)

신하가 남몰래 속삭속삭 모반을 꾀함. 한(漢)나라 고조(高祖)가 천하를 평정한 뒤, 여러 장수가 모래 위에 앉아 이야기하는 것을 바라보고는 의심스러워서 부하에게 물으니, "논공행상이 정해지지 않고, 처우가 정해지지 않는 것을 불안해 하여 모반을 꾀하고 있다."고 대답했다. 고조는 크게 근심하고 자기가 가장 싫어하던 옹치(雍齒)를 제후(諸侯)로 봉하고, 여러 장수의 마음을 가라앉힌 옛일. 出典 史記 留侯世家

사직지신(社稷之臣)

나라의 중대한 임무를 한 몸에 진 대신. 국가의 중신을 이름. 出典 孟子 盡心

사진 회멸(澌盡灰滅)

물이 잦아들어 없어짐. 또 불이 재가 되어 꺼지듯이, 흔적도 없이 사라짐.

사택 망처(徙宅忘妻)

이사할 때 자기의 아내를 잊음. 곧 잊어버리기 잘하는 사람.

사통 팔달(四通八達)

길이 사방 팔방으로 통해 있음. 곧 왕래가 많은 번화한 곳. 出典 晋書 慕容德載記

사해 형제(四海兄弟)

이 세상 사람은 모두 형제처럼 사이좋게 서로 사랑해야 함을 이름. 出典 論語 顔淵篇

사회 복연(死灰復燃)

꺼진 불이 다시 타기 시작함. 한 번 세력을 잃은 것이 다시 성해짐. 또 한 번 가라앉은 일이 다시 문제가 됨을 이름. 出典 史記 韓安國傳

산고 수장(山高水長)

　산은 높이 솟고 강이 길게 흐른다는 뜻으로, 군자의 덕이 한없이 오래 전하여 내려오는 것을 비유한 말.

산자 수명(山紫水明)

　산수의 경치가 아름답고 눈이 부시도록 맑음.

산중 역일(山中歷日)

　산중(山中)에 한가히 있어서 자연을 즐기느라고 세월이 가는 줄을 모름. 出典 唐詩選

산하 금대(山河襟帶)

　산이 옷깃처럼 둘리고, 강이 띠처럼 둘레를 돌아 흐르는 형세의 땅. 또 천연의 요해처. 곧 여기다 진을 치면, 적의 편에 불리하고, 아군에게는 요긴한 지점.

산해 진미(山海珍味)

　여러 가지 요리를 갖춘 음식. 굉장한 음식. 산이나 바다의 산물을 모아 만든 희귀한 맛의 음식.

살생 금단(殺生禁斷)

　불교의 자비의 정신에서, 새·짐승·물고기 따위의 수렵이나 살생을 금하는 것. 出典 管子

삼강 오상(三綱五常)

　인간이 항상 지켜야 할 대도(大道). 삼강은, 신하의 강은 임금, 지어미의 강은 지아비, 아들의 강은 아버지, 오상은 인·의·예·지·신(仁義禮智信)의 길.

삼고지례(三顧之禮)

　세 번 찾아가서 예절을 다함. 중국 삼국 시대에 유비가 제갈양을 군사(軍師)로 맞아들이려 했으나 듣지 않아, 세 번째 찾아가 청해서 겨우 승낙을 받은 데서 나온 말. 同 삼고 초려(三顧草廬). 出典 三國志 諸葛亮傳

삼단 논법(三段論法)

　대전제·소전제에서 결론을 끌어내는 추리법. 아리스토텔레스가 체계화한 형식 논리학의 대표적인 추리. 예를 들면, "사람은 모두 죽는다"(대전제), "나는 사람이다"(소전제)라는 판단에서, "그러므로 나는 죽는다"(결론)라는 판단을 끌어내는 논법.

삼라 만상(森羅萬象)

　우주에 존재하는 수많은 현상. 出典 法句經

삼령 오신(三令五申)

　세 번 호령하고 다섯 번 거듭 말함. 곧 여러 차례 되풀이하여 명령함.

삼면 육비(三面六臂)

세 개의 얼굴과 여섯 개의 팔, 곧 한 사람이 여러 사람 몫의 일을 함을 이름.

삼배 구배(三拜九拜)

삼배의 예와 구배의 예. 몇 번이고 되풀이하여 경의를 나타냄. 곧 몇 번이고 머리를 숙이고 일을 부탁함.

삼분 정족(三分鼎足)

다리가 셋인 솥처럼, 세 사람이 천하를 셋으로 나누어 차지함. 同삼분 천하(三分天下). 出典 史記 淮陰侯傳

삼삼 오오(三三五五)

저쪽에 세 사람, 이쪽에 다섯 사람씩 사람들이 모여서 흩어져 있는 모양. 또 몇 사람씩 계속 행동하는 모양. 出典 李白〈採蓮曲〉

삼십육계(三十六計)

중국의 병법상 여러 가지 계략(計略)과 술수(術數). 곤란할 때에는 허둥지둥거리고 갈피를 잡지 못하기보다 기회를 보아 피하여, 몸의 안전을 지키는 것이 최상의 방법임. 비겁해서 달아나는 것이 아니고, 몸의 안전을 꾀하여 후일에 다시 일어날 것을 꾀하라는 것. 出典 南史 王敬則傳

삼십이립(三十而立)

서른 살이 되어 자기의 확고한 입장을 가지고 자립함. 곧 학문이나 견식이 일가를 이루어, 도덕상으로 흔들리지 아니함을 이름. 出典 論語

삼위 일체(三位一體)

그리스도교에서, 창조주인 아버지 신과 속죄자로서 세상에 나타난 신의 아들 그리스도와, 신앙 경험에 나타나 보인 성령한 신이, 유일신의 세 가지 모습이 되어 나타난 것이라는 설. 삼위는 모든 신의 나타남으로, 상하의 차별은 없고, 본디 일체였다는 생각.

삼익지우(三益之友)

사귀어 이로운 세 친구. 정직한 친구, 성실한 친구, 아는 것이 많은 친구. 同익자 삼우(益者三友). 出典 論語 季氏篇

삼인 문수(三人文殊)

평범한 인간이라도 세 사람이 모여서 의논하면, 지혜를 다스리는 문수 보살과 같은 좋은 생각이 떠오른다는 것.

삼일 천하(三日天下)

짧은 동안 정권을 잡았다가 곧 실패함을 이름.

삼자 정립(三者鼎立)

세 개의 것, 또는 세 세력 따위가 마치 솥의 다리처럼 서로

마주 보며 늘어선 것. 出典 吳志
陸凱傳

삼지지례(三枝之禮)

비둘기는 어미가 앉은 가지에
서 세 가지 아래에 앉고, 까마
귀는 새끼 때에 길러 준 은혜에
보답하기 위해, 어미의 입에 먹
이를 넣어 준다는 데서, 예의와
효도를 중히 여김의 비유. 出典
慈元抄

삼천 세계(三千世界)

넓은 세계. 세상. 본디는 불교
에서 말하는 우주에 관한 단위.
삼천 대천 세계의 약칭. 수미산
(須彌山, 세계의 중심인 산 이
름)을 중심으로 한 광대한 범위
를 일소 세계로 하고, 이것의
천 배를 소천 세계, 그 천 배를
중천 세계, 그 천 배를 대천 세
계, 또는 삼천 대천 세계라 함.
이것을 일불(一佛)의 교화의 범
위로 함.

삼추지사(三秋之思)

하루만 만나지 않아도 삼 년
동안이나 만나지 않은 것같이
생각됨. 몹시 기다리는 마음을
이름. 同 일일 천추(一日千秋).
出典 詩經

삼한 사온(三寒四溫)

겨울에 추운 날이 사흘쯤 계
속되면, 그 뒤 나흘쯤은 따뜻한
날이 이어짐. 이것이 되풀이되

는 기후 현상. 대륙성 기후의
특징으로, 중국 북부나 우리 나
라 북부 등에서 비교적 규칙적
으로 나타남.

상가지구(喪家之狗)

장례 지내는 집 사람은 문상
객 치르느라고 바빠서, 기르는
개에게 먹이를 주는 것을 잊으
므로, 그 개는 며칠을 굶어서
쇠약해진다는 데서, 말라서 기
운을 차리지 못하는 사람의 비
유. 出典 孔子家語

상간 복상(桑間濮上)

음란한 음악의 이름. 뽕나무
숲 사이와 중국 하남성에 있는
복수(濮水) 강가에서 남녀가 몰
래 만났다는 옛일에서 나온 말.
出典 禮記 樂記

상기 정목(相碁井目)

사람의 실력을 바둑에 비유한
것. 상기는 같은 급수를 가진
사람끼리 두는 맞바둑. 정목은
바둑판에 찍힌 아홉 개의 점.
실력이 떨어지는 사람은 그 흑
점 위에 미리 한 점을 놓게 되
어 있음. 사람의 실력은 각각
다르다는 뜻.

상사 상애(相思相愛)

남녀가 서로 사모하고 서로
사랑함.

상산 사세(常山蛇勢)

중국의 오악(五岳)의 하나인 상산에 사는 솔연(率然)이라는 머리가 둘인 뱀은 목을 베면 꼬리가 돕고, 꼬리를 베면 목이 돕고, 몸통을 베면 목과 꼬리가 함께 도왔다는 옛일에서 선진과 후진, 우익과 좌익이 서로 연락하고 공격·방어하는 진형(陣形). 또 문장의 전후가 대응하여 처음과 끝이 일관됨을 이름. 出典 孫子

상아지탑(象牙之塔)
프랑스의 비평가 센트 부부가 로망파의 작가 비니의 태도를 비평해서 한 말로 속세를 떠나서 오로지 정직·고일(高逸)한 예술을 즐기는 예술 지상주의의 경지. 또 학자가 현실을 도피하여 관념적인 태도로 보내는 학구 생활이나 그 연구를 말함. 또 학자가 세상을 모르는 것을 비꼬는 경멸의 뜻으로도 쓰임.

상의 하달(上意下達)
윗사람의 뜻이나 명령을 아랫사람에게 전달함.

상전 벽해(桑田碧海)
뽕나무밭이 바다로 변함. 세상의 변천이 심함의 비유. 同 창해 상전(蒼海桑田). 出典 劉希夷〈代悲白頭翁〉

상주 부단(常住不斷)
항상 계속함. 쉬지 않고 계속

됨.

상주 좌와(常住坐臥)
항상. 평소에. 앉아 있을 때도 누워 있을 때도. 일상, 평생의 뜻. 곧 영원히 변하지 않는 것.

상중지희(桑中之喜)
밀회(密會)하는 즐거움. 또 남의 아내와의 옳지 못한 접촉의 즐거움. 桑中은 남녀가 몰래 만나는 장소를 이름. 出典 詩經 桑中篇

상즉 불리(相卽不離)
일체(一體)가 되어 있어 뗄 수가 없음을 이름.

상투 수단(常套手段)
같은 경우에 언제나 쓰는 같은 수단. 버릇이 되어서 예사로 쓰는 수단.

상호 봉시(桑弧蓬矢)
옛날, 중국에서 남자가 태어나면, 뽕나무로 만든 활과 쑥잎으로 만든 화살로 사방을 쏘아 장차 웅비(雄飛)할 것을 빌었다는 데서, 남자가 뜻을 세움을 이름. 出典 禮記 內則篇

상호 부조(相互扶助)
양방이 서로 돕는 것. 본디는 러시아의 무정부주의자 크로포토킨의 사회학설의 기본적 개념. 그는 사회의 진화의 원인을 생존 경쟁이라고 한 다윈주의에 대해, 자발적으로 서로가 돕는 협동 관계야말로 진화의 요인이라고 생각했음.

새옹지마(塞翁之馬)

옛날 중국 북방 오랑캐들이 사는 국경 지대에 점술에 능한 노인이 살았다. 어느 날 이 노인의 말이 오랑캐들의 땅으로 달아나 버렸다. 노인은 조금도 서운해 하지 않았다. 몇 달이 지난 어느 날, 달아났던 말이 오랑캐의 좋은 말을 데리고 돌아왔다. 노인은 조금도 좋아하지 않았다. "이게 무슨 화가 될는지 모르오." 그런데, 그의 아들이 오랑캐의 말을 타다가 떨어져서 절름발이가 되고 말았다. 노인은 "이 일이 어떤 다행한 일이 될는지 모르오." 하고, 태연하였다. 그 후, 일 년쯤 지나서 오랑캐가 쳐들어왔다. 마을의 젊은이들은 모두 싸움터에 나가 싸워 대부분이 전사했다. 그러나, 노인의 아들은 불구자였으므로 무사했다. 이런 일로, 인생의 길흉이나 화복은 예측할 수 없다서 나온 말. 出典 淮南子 人間訓篇

색즉시공(色卽是空)

불교 사상에서, 이 세상에 형태가 있는 것은 모두 인연으로 생기는 것으로, 그 본질은 본래 허무한 존재임을 이름. 出典 般若心經

생귀 탈갑(生龜脫甲)

어버이와 자식, 형제, 부부 등 육친의 떨어질 수 없는 관계를 거북과 등딱지의 관계에 비유한 것.

생멸 멸이(生滅滅已)

生도 滅도 존재하지 않음. 곧 생멸의 모든 현상을 초월하여야 비로소 불과(佛果)를 얻을 수 있다는 말.

생사 골육(生死骨肉)

죽은 자를 살려, 백골에 살을 붙인다는 뜻에서, 큰 은혜에 감사하는 말. 비참한 처지에 있는 자를 도와 주는 자애로운 마음이 큼을 이름. 出典 春秋左氏傳 襄公 二十二年

생사 사대(生死事大)

인간의 생사는 제일 큰 일로, 지금 사람으로서 존재하고 있을 때가 가장 큰 일임.

생살 여탈(生殺與奪)

살리고, 죽이고, 주고, 뺏고 한다는 뜻에서, 어떻게 하든지 마음내키는 대로 함. 出典 韓非子 三守

생생 세세(生生世世)

사람이 다시 태어나고 죽고 하면서 얻는 많은 세상. 영원.

생생 유전(生生流轉)

　만물이 끊이지 않고 변해 감을 이름. 꼬리를 물고 다른 상태로 옮아 변해 가서, 한없이 변화를 계속함.

생자 필멸(生者必滅)

　모든 것은 덧없으며, 생명이 있는 것은 반드시 죽을 때가 있음을 이름.

생지 안행(生知安行)

　태어나면서 도덕이 무엇인가에 통하여, 노력하지 않고 어렵지 않게 그것을 실행함. 성인(聖人)의 경우를 이름. 出典 中庸

서방 정토(西方淨土)

　사바 세계(이 세상)에서 서편으로 십만억의 불토(佛土)를 사이에 둔 저편에 있다는 안락의 세계. 서방에 있는 정토. 아미타불의 정토.

서시 봉심(西施捧心)

　중국 춘추 시대의 월(越)나라의 미인 서시가 가슴을 앓아, 자주 괴로워서 가슴에 손을 얹고 얼굴을 찡그리는 것을 본 마을의 추녀가 아름다운 짓거리라고 흉내냈다는 데서 웃음거리가 됨을 이름.

서시 빈목(西施矉目)

　월나라의 미인 서시가 눈을 찌푸린 것을 아름답게 본 어떤 못난 여자가 그를 흉내내어 더욱 밉게 보인 데서 나온 말.

선견지명(先見之明)

　장래를 내다보는 눈. 장래를 예측하는 날카로운 견식(見識). 出典 後漢書 楊彪傳

선남 선녀(善男善女)

　불법에 귀의한 남녀, 또 선심이 깊은 사람들. 신자의 통칭.

선린 우호(善隣友好)

　이웃 나라, 또는 이웃집과 사이좋게 지내어, 우정을 가지고 사귀는 것. 외교상, 이웃 나라와 우호 관계를 맺는 뜻. 出典 春秋左氏傳, 後漢書

선수 필승(先手必勝)

　상대보다 먼저 공격하여 기선(機先)을 제하면, 반드시 승리한다는 것. 일반적으로 먼저 공격하는 쪽. 거꾸로 나중에 치는 것을 후수(後手)라 함.

선양 방벌(禪讓放伐)

　중국에서 임금의 자리를 세습하지 않고 덕이 있는 이에게 물리는 것과 악정을 하는 제왕을 제위에서 몰아내어 토벌함.

선우 후락(先憂後樂)

　남보다 먼저 근심하고, 즐거워할 일은 남보다 나중에 즐거

위함. 정치에 간여하는 자의 마음가짐. 出典 范仲淹 〈岳陽樓記〉

선인 선과(善因善果)
착한 행위에는 반드시 좋은 보상이 있음을 이름.

선자 옥질(仙姿玉質)
뛰어난 미녀의 형용. 선자는 속기 없는 모습. 옥질은 구슬처럼 아름다운 피부.

선조 와명(蟬噪蛙鳴)
매미가 떠들썩하게 울고, 개구리가 시끄럽게 욺. 곧 논의나 문장이 졸렬함. 시끄럽기만 할 뿐 아무짝에도 쓸모가 없음을 이름.

선종 외시(先從隗始)
사물을 시작하려면, 우선 말을 꺼낸 자부터 착수해야 한다는 것. 또 원대한 사업을 추진하려면, 먼저 가까운 일부터 시작하라는 것. 出典 戰國策, 史記

선주 외시(先主隗始)
→선종 외시(先從隗始).

선즉 제인(先則制人)
남보다 앞서 일을 도모하면 능히 남을 누를 수 있음. 곧 아무도 하지 않은 일을 선수를 치면 유리함을 이름. 出典 史記 項

羽紀

선후 처치(善後處置)
후환이 없도록 그 사물의 다루는 방법을 정하는 것. 뒤처리를 잘하는 방법. 出典 孫子, 漢書

설니 홍조(雪泥鴻爪)
붕새가 눈이 녹은 진창 위에 남긴 발톱 자국의 뜻. 얼마 안 가서 그 자국이 지워지고, 또 붕새가 날아간 방향을 알 수 없다는 데서 흔적이 남지 않음을 이름. 간 곳을 모름의 비유. 특히 인생의 덧없음이나 희미해 가는 옛날의 기억, 죽은 이의 추억 따위를 이름. 出典 蘇軾〈和子由澠池懷舊〉

설선 삼촌(舌先三寸)
마음에 없는 입에 발린 말.

설월 풍화(雪月風化)
춘하추동 사계절. 자연의 경치와 풍정과 시를 읊은 풍아한 취미의 경지.

섭취 불사(攝取不捨)
부처가 중생을 구제하고, 버려 두지 않음. 아미타의 구제를 가리킴.

성불 득탈(成佛得脫)
부처가 되어, 모든 번뇌나 생사와 같은 일체의 속박으로부터 벗어남.

성심 성의(誠心誠意)

거짓 없는 진실한 마음. 진심. 상대의 처지를 잘 생각해서, 자기의 욕심이나 이익을 억누르고, 정직한 태도로 접하는 마음. 出典 荀子, 大學

성인 군자(聖人君子)

성자와 인격자. 지식·인격이 함께 뛰어난 훌륭한 사람. 덕망도 있고 세상에 모범으로 우러름을 받는 인물. 出典 論語 述而 學而

성인지미(成人之美)

다른 사람의 훌륭하고 아름다운 점을 도와 주어 더욱 빛나게 하여 줌.

성자 필쇠(盛者必衰)

기세가 성한 자도 반드시 꺾임을 이름. 이 세상은 덧없다는 불교의 가르침.

성죽 흉중(成竹胸中)

대나무를 그리려 할 때, 먼저 완전한 대나무의 모양을 머릿속에 떠올린 다음에 붓을 댄다는 데서, 미리 마음에 계획을 가짐. 또 확실히 성취할 가능성이 있음의 비유. 出典 蘇軾 〈畫竹記〉

성하지맹(城下之盟)

수도(首都)의 성 밑에서 적군의 공격을 받아, 할수없이 강화(講和)를 맹세하고 굳게 약속함. 곧 대단히 굴욕적인 강화(講和)나 항복을 말함. 出典 春秋左氏傳 桓公 十二年

성호 사서(城狐社鼠)

성에 사는 여우와 사당에 사는 쥐. 이것을 잡으려면 성과 사당을 헐어야 하므로, 간단히 손을 쓸 수가 없다는 뜻에서 간신(奸臣)을 제거하기 어려움의 비유. 出典 晋書 謝鯤傳

성화 요원(星火燎原)

작은 일이라도 못 보고 놓치면, 나중에 큰 일이 된다는 비유. 出典 書經 堯典

성황 성공(誠惶誠恐)

진심으로 황공해서 머리를 땅에 대고 절을 함. 편지 끝에 경의를 나타내어 씀.

세도 인심(世道人心)

세상의 도의와 사람의 마음.

세력 백중(勢力伯仲)

두 세력이 서로 엇비슷하여 우열을 가리기 힘듦.

세한 송백(歲寒松柏)

추운 겨울에도 소나무나 떡갈나무의 잎이 초록빛으로 있다는 데서, 사람이 역경에 처해도 어려움과 고생을 견디고 이겨 내어 생각을 바꾸지 않음의 비유.
|出典| 論語 子罕篇

소강 삼합(小康三合)

얼마 안 되는 재산의 비유.
남자는 조금이라도 재산이 있으
면, 일 많은 데릴사위로 가지
않고, 제힘으로 살아야 한다는
뜻.

소림 일지(巢林一枝)

새가 둥지를 만들 때 쓰는 것
은 숲 속의 다만 하나의 가지에
지나지 않는다는 데서, 작은 집
에 살면서 만족함의 비유. |出典|
宋史 李沆傳

소수지어(小水之魚)

얼마 안 되는 작은 물 속에
사는 물고기의 뜻으로, 죽음이
눈앞에 닥쳤음의 비유.

소심 익익(小心翼翼)

세심하고 조심성이 많다는 뜻
에서, 마음이 작고 약하여 작은
일에도 겁을 내는 모양. |出典| 詩
經 大雅篇

소인 묵객(騷人墨客)

문인·시인·서예가·화가 등
풍류를 아는 사람. 騷人은 초
(楚)나라의 굴원(屈原)이 명시
'이소(離騷)'라고 제한 시를 지
은 데서 널리 시인을 가리킴.
墨客은 먹을 쓰는 서예가·화가
를 이름. |出典| 宣和畫譜

소인 한거(小人閑居)

소인은 한가하면 쓸 만한 일
을 못한다. 소인은 남이 보지
않는 것을 기화로 자칫하면 못
된 짓을 한다는 뜻. 소인은 덕
이 없는 사람, 품성이 비열한
사람. |出典| 禮記, 大學

소장 기예(少壯氣銳)

나이 젊고 건강하여 기세가
날카로운 것. 소장은 흔히 20~
30세의 왕성한 지식욕과 행동력
을 갖춘 사람. |出典| 文選 秋風辭

소지 천만(笑止千萬)

매우 가엾음을 이름. 또 너무
도 턱없어서 웃을 수밖에 없음.

소풍 농월(嘯風弄月)

휘파람을 불고, 달을 희롱한
다는 뜻으로, 자연 풍경을 사랑
하고 감상함.

속담 평화(俗談平話)

속된 이야기와 일상적인 이야
기. 세상 이야기.

속수 무책(束手無策)

손을 묶이어 꾀를 쓰지 못함.
곧 어찌할 방책이 없어서 꼼짝
못함을 이름.

속전 속결(速戰速決)

→속전 즉결.

속전 즉결(速戰卽決)

적의 주력(主力)을 개전과 함께 격파하여, 전승을 결정지음. 투쟁·논쟁 따위를 단시간에 결말지음을 이름. 同 속전 속결(速戰速決).

손강 영설(孫康映雪)

옛날 중국의 손강이라는 젊은 이는 가난하여 등잔 기름을 사지 못하여, 겨울 밤에는 눈의 빛으로 비추어 책을 읽었다는 옛일.

손자 삼우(損者三友)

교제하여 손해가 되는 세 종류의 친구. 곧, 무슨 일에나 안이한 길을 취하는 사람, 남에게 아첨하는 사람, 입에 발린 말뿐으로 성의가 없는 사람. 出典 論語 爲政篇

솔선 궁행(率先躬行)

남의 앞에 서서 모범을 보임. 同 솔선 수범.

솔선 수범(率先垂範)

→솔선 궁행.

송백지조(松柏之操)

절개를 굳게 지키는 것의 비유. 소나무와 잣나무는 상록수로 센바람과 눈에도 견디는 힘이 있어, 지조가 매우 굳음을 뜻함. 同 세한 송백(歲寒松柏).

송양지인(宋襄之仁)

이익이 없는 사랑이나 남을 가엾이 여김. 춘추 시대, 송(宋)나라 양공(襄公)이 초(楚)나라와 싸웠을 때, 그 아들 목이(目夷)가 "초나라의 포진이 정비되기 전에 치자."고 진언했으나, "군자는 남이 어려운 처지에 있을 때, 괴롭혀서는 안 된다."고 치지 않고, 적의 포진을 기다려 싸워, 초에게 망했다는 옛일. 出典 十八史略

송풍 수월(松風水月)

소나무에 부는 바람과 물에 비친 달. 차분한 자연의 정취를 조용히 감상하는 심경.

쇄쇄 낙락(洒洒落落)

성격이나 태도·언동 따위가 소탈하여 사물에 집착하지 않음.

수구 여병(守口如甁)

병에 마개를 꼭 막듯이 입을 다문다는 뜻으로 말을 대단히 삼감을 이름.

수구 초심(首丘初心)

언덕에 굴을 파고 사는 여우는 죽을 때, 그 머리를 자기가 살던 언덕쪽에 둔다 함. 곧 근본을 잊지 않음. 또 고향을 간절히 그리는 향수를 이름. 出典 禮記 檀弓上篇

수미 일관(首尾一貫)

사물을 행함에 있어, 처음부터 끝까지 방침이나 태도가 일관되어 있음을 이름.

수서 양단(首鼠兩端)

쥐가 구멍 속에서 목을 내밀고 주위를 둘러보고, 망설이고 있다는 뜻에서, 결단을 내리지 않고, 거취(去就)를 결정하지 못하는 모양. 出典 史記 魏其武安侯傳

수석 침류(漱石枕流)

돌로 양치질하고 흐르는 물을 베고 누움. 억지를 써서 여러 가지 이유를 붙여서 실수를 정당화함의 비유. 진(晉)나라의 손초(孫楚)가 잘못 썼다고 지적받자, 돌로 양치질하는 것은 이를 닦기 위해, 흐르는 물을 베고 눕는 것은 속된 이야기를 들은 귀를 씻기 위해서라고 억지를 쓴 옛일. 出典 晋書 孫楚傳

수수 방관(袖手傍觀)

팔짱을 끼고 곁에서 봄. 관심이 없는 것도 아닌데, 그 일에 관계하지 않고 일이 어떻게 되어가는가 바라보기만 함. 同 공수 방관(拱手傍觀).

수신 제가(修身齊家)

몸과 마음을 닦고 집안을 다스리는 일.

수어지교(水魚之交)

물과 물고기가 떨어지지 않는 관계에 있듯이, 대단히 친한 교제나 우정의 비유. 촉(蜀)나라의 유비(劉備)가 공명(孔明)과의 사이를 "나에게 공명이 소중한 것은 마치 물고기에게 물이 없어서는 안 되는 것과 같다." 고 한 말에서 나온 말. 同 관포지교(管鮑之交). 出典 三國志 蜀志 諸葛亮傳

수월 폐화(羞月閉花)

그 미모에 달도 부끄러워하고, 꽃도 오므림. 곧 아름다운 여성의 형용.

수주 대토(守株待兔)

그루터기를 지키며 토끼가 나오기만 기다림. 곧 전혀 가망이 없는 것을 기다림을 이름. 出典 韓非子 五蠹篇

수천 방불(水天髣髴)

멀리 바다와 하늘이 이어져 구분할 수 없음.

수하 석상(樹下石上)

나무 아래와 돌의 위라는 뜻에서, 산이나 들, 길바닥 따위에 머물러 잔다는 뜻으로 출가한 몸. 또 불교에서 수행함을 이름.

수희 갈앙(隨喜渴仰)

기쁘게 부처에 귀의하고, 깊이 믿음.

숙독 완미(熟讀玩味)
　문장의 뜻을 잘 생각하면서 차분히 읽고 감상함. 문장 따위가 표현하고 있는 내용이나 의미를 이해하고 감상함을 이름.

숙려 단행(熟慮斷行)
　충분히 생각한 끝에, 과감하게 실행함을 이름.

숙집 개발(宿執開發)
　전세에 이어진 인연이, 현세에 나타나 열매를 맺음.

숙흥 야침(夙興夜寢)
　아침 일찍부터 밤늦게까지, 직무에 몰두하여 부지런히 일함.
　出典 詩經, 史記

순갱 노회(蓴羹鱸膾)
　고향의 맛·고향이 그리운 마음을 누르기 어려움의 비유. 순은 식용 물풀, 갱은 국, 노는 농어, 회는 생선회. 出典 晉書 張翰傳

순망 치한(脣亡齒寒)
　입술이 없으면 이가 시림. 곧 평소에는 느끼지 못했던 것이 어떤 피해를 입게 되면, 그에 따라 다른 한쪽도 같은 운명에 처하게 됨의 비유. 出典 春秋左氏傳 僖公 五年

순일 무잡(純一無雜)
　전연 섞인 것이 없음. 꾸밈이나 간사스러운 생각이 없는 상태.

순진 무구(純眞無垢)
　마음이 순박하고 깨끗하며 꾸밈이 없음.

순치 보거(脣齒輔車)
　이해 관계가 밀접하여 서로 도움으로써 성립되는 관계의 비유. 出典 春秋左氏傳

순치 상의(脣齒相依)
　입술과 이가 밀접한 관계에 있듯이, 서로의 관계가 친밀하여, 서로 깊이 의존하고 있음의 비유.

순풍 만범(順風滿帆)
　돛이 뒤에서 부는 바람을 받아서, 배가 잘 달리는 모양.

순풍 미속(淳風美俗)
　인정이 두텁고 아름다운 풍속.

승두 세서(蠅頭細書)
　아주 작은 것을 비유하여 파리의 머리라고 한다. 파리의 머리만큼 작고 가는 글자.

시기 상조(時機尙早)
　일을 하는 데 있어 시기가 빠름. 때가 아직 이름.

시대 착오(時代錯誤)

시대에 뒤떨어지고 적합하지
않은 일.

시랑 당로(豺狼當路)
　시랑은 승냥이와 이리. 곧 잔
인하고 혹독하며 욕심이 많은
사람. 당로는 중요한 자리에 있
음. 정치 요로에 큰 악인이 있
는 경우, 그 밑에 있는 작은 악
인보다 먼저 큰 악인을 제거하
지 않으면 정치는 잘 되지 않음
의 비유. 出典 後漢書 張綱傳

시비 곡직(是非曲直)
　바른 것과 틀린 것. 도리에
맞는 것과 어긋나는 것.

시산 혈하(屍山血河)
　시체가 산을 이루고 피가 강
을 이뤘다는 뜻으로 많은 사람
이 죽음을 이름.

시시 비비(是是非非)
　좋은 것은 좋다고 인정하고,
나쁜 것은 나쁘다고, 공평한 처
지에서 일을 행함. 出典 荀子

시위 소찬(尸位素餐)
　재능도 공적도 없이 높은 자
리에 있어, 많은 녹을 받음. 벼
슬을 할 뿐, 직책을 다하지 않
음. 出典 漢書 朱雲傳

시절 도래(時節到來)
　좋은 기회가 찾아옴. 좋은 기
회가 됨.

시정지도(市井之徒)
　일반 대중. 시민. 또는 불량
배. 出典 舊唐書 李密傳

시종 일관(始終一貫)
　처음부터 끝까지 한결같이 밀
고 나아감.

시행 착오(試行錯誤)
　본능이나 습관대로 행동하여,
실패를 거듭하면서, 점점 적응
하게 됨. 또 해결의 가망이 없
을 경우, 이리저리 시도하여 실
패를 거듭하면서 점점 목적에
도달해 감을 이름.

식자 우환(識字憂患)
　글자를 아는 것이 오히려 근
심이 됨. 곧 서투른 지식 때문
에 일을 망치게 됨을 이름. 出典
蘇軾〈石蒼舒醉墨堂詩〉

식재 연명(息災延命)
　재난을 제거하고, 목숨을 연
장함. 息災는 건강한 상태.

식전 방장(食前方丈)
　식사할 때, 큰 식탁에 가득히
요리를 늘어놓음. 1장은 약 3미
터, 方丈은 사방 3미터임. 사치
한 식사의 비유. 出典 孟子 盡心
篇

신경 과민(神經過敏)
　신경이 극도로 날카로워져,
조그만 자극에도 금방 반응하는

신경 계통이 불안정한 상태.

신기 묘산(神機妙算)
　신이 행하는 뛰어난 계략. 범인은 짐작도 하지 못하는 훌륭한 계략.

신사 협정(紳士協定)
　비공식적인 국제 협정. 또 서로 상대를 믿고 하는 약속. 同 신사 협약(紳士協約).

신상 필벌(信賞必罰)
　공로자에게는 반드시 상을 주고, 죄를 범한 자에게는 반드시 벌을 줌.

신색 자약(神色自若)
　큰 일을 당해도 냉정하여, 안색이 평소와 변하지 않는 것. 또 그 모양. 곧 침착한 모양. 出典 晋書 王戎傳

신속 과단(迅速果斷)
　사물을 빨리 결정하고 행함. 재빨리 결단하고 실행함.

신수지로(薪水之勞)
　땔나무를 주워 모으고, 먹을 물을 긷는 수고. 곧 밥을 짓는 고생의 뜻으로 일상의 일에 몸을 아끼지 않고 노력하여 남을 섬김. 出典 昭明太子〈陶靖節傳〉

신심 결정(信心決定)
　조금도 의심할 바가 없는 신

앙심. 아미타의 구제를 믿는 마음이 대단히 굳은 모양.

신운 표묘(神韻縹渺)
　예술 작품 따위에서 불가사의한 기운이 어렴풋이 터짐. 예술 작품의 뛰어난 정취.

신진 기예(新進氣銳)
　그 분야에 새롭게 나타났지만, 그 활동이 눈부시고 날카로움. 또 그런 사람.

신진 대사(新陳代謝)
　낡은 것이 점점 없어지고, 새 것으로 바뀜.

신체 발부(身體髮膚)
　몸 전체. 몸·머리털·살갗의 뜻. 出典 孝經

신출 귀몰(神出鬼沒)
　귀신처럼 자유 자재로 나타나기도 하고 숨기도 하여 여간해서 거처를 알 수 없음. 날쎄게 나타났다 숨었다 하는 모양.

실사 구시(實事求是)
　일을 참답게 하여 옳음을 구함. 곧 사실을 토대로 하여 진리를 탐구함. 出典 漢書 河間獻王德傳

실질 강건(實質剛健)
　꾸밈이 없이 성실하고, 굳세고 씩씩함.

실천 궁행(實踐躬行)
 스스로 실제 행동으로 나타
냄. 자기가 실제로 행함.

심기 일전(心機一轉)
 어떤 동기로, 마음이 완전히
변함.

심두 멸각(心頭滅却)
 무념 무상의 경지. 心頭는 마
음, 염두, 심중. 마음이 무념 무
상의 경지에 이르면, 불도 뜨겁
지 않다는 뜻에서, 어떠한 곤란,
고난을 당하더라도 그것을 초월
하면 느끼지 않음.

심모 원려(深謀遠慮)
 앞으로 올 일을 헤아려 계획
을 세움.

심복 수사(心腹輸寫)
 마음에 생각하는 것을 모두
털어놓음.   出典 漢書 趙廣漢
傳

심산 유곡(深山幽谷)
 깊은 산과 으슥한 골짜기. 대
자연의 조용한 모양을 산수화처
럼 표현한 말.

심상 일양(尋常一樣)

 보통과 특히 다름이 없음. 극
히 당연함.

십년 일일(十年一日)
 오랜 세월 동안 죽 같은 상태
에 있음. 언제까지나 진보나 변
화가 없음을 이름.

십사 일생(十死一生)
 도저히 살 가망이 없음. 또
그런 상태에서 간신히 구제됨.
구사 일생(九死一生)을 더욱 강
조한 말.

십시 일반(十匙一飯)
 열 사람이 한 숟가락씩 낸 열
숟가락의 밥으로 한 사람의 한
끼 먹을 밥이 되므로, 여러 사
람이 협력하면 한 사람을 도울
수 있음.

십인 십색(十人十色)
 인간은 한 사람 한 사람 사람
마다 즐기는 것과 생각이나 성
격이 다름을 이름.

십중 팔구(十中八九)
 열 가운데 여덟이나 아홉이
됨. 곧 거의 예외 없이 그러할
것이라는 추측을 나타내는 말.
同 십상 팔구(十常八九).

아부 뇌동(阿附雷同)
자기의 정견이 없이, 함부로 남의 말을 따라서 알랑거려 따름. 同아부 영합(阿附迎合). 부화 뇌동(附和雷同).

아비 규환(阿鼻叫喚)
아비는 팔대 지옥의 하나로, 그 가장 아래층에 있어, 부모를 죽이는 등 오역(五逆)의 죄를 범한 자가 떨어짐. 그 죽은 자들이 너무도 괴로워서 울부짖는 데서, 재해를 만나 몹시 울부짖는 상태를 형용한 말. 出典 法華經

아유 추종(阿諛追從)
남에게 알랑거리어 따름.

아전 인수(我田引水)
자기에게 이롭도록 자기의 밭에 물을 댄다는 뜻에서, 자기의 이익을 먼저 생각하거나, 행동함. 억지로 자기에게 이롭도록 꾀함.

악구 잡언(惡口雜言)
입에서 나오는 대로 가지가지 욕을 함. 同매리 잡언(罵詈雜言).

악목 도천(惡木盜泉)
아무리 날이 더워도 나쁜 나무 그늘에서는 쉬지 않고, 샘의 이름이 나쁘면 그 물을 마시지 않음. 아무리 곤궁해도 부정이나 불의를 하지 않음. 또 몸을 맑고 바르게 가지려는 사람은 사소한 악에도 가까이하지 않음을 이름. 공자가 산동성 사수현을 지나가다가 목이 말라서 샘을 찾아 샘의 이름을 물으니, '도둑샘'이라 하여, 그 이름이 나쁘다 하여 마시지 않았다는 옛일에서 나온 말임. 出典 陸機〈猛虎行〉

악발 토포(握髮吐哺)
머리털을 잡고 먹을 것을 토해냄. 주나라 무왕의 아우 주공(主公)은 머리를 감다가도 현인이 오면 머리채를 쥐고 만나고, 음식을 먹다가도 뱉고 만났다 함. 뛰어난 인재를 얻으려는 마음이 강렬함의 비유.

악부 파가(惡婦破家)
악처는 남편의 일생을 망칠 뿐 아니라, 가정의 평화를 파괴하고, 자손에게까지 나쁜 영향을 미침. 出典 通俗編

악사 천리(惡事千里)
나쁜 일은 쉽게 알려짐.

악역 무도(惡逆無道)
비길 데 없이 악독하고 도리에 어긋남.

악전 고투(惡戰苦鬪)
강한 적을 만나 괴로운 싸움을 하는 것. 또 곤란한 상태에서 괴로워하면서도 노력을 계속하는 모양. 出典 三國志演義

안거 위사(安居危思)
편안한 때, 어려움이 닥칠 것을 잊지 말고 대비해야 함.

안거 포륜(安居蒲輪)
노인을 위로하고 끔찍이 대접함. 出典 晋書 輿服志

안고 수비(眼高手卑)
눈은 높으나 재주가 없어 따르지 못함. 비평에는 뛰어나나 창작력이 모자람. 出典 杜甫 〈春望〉

안고 수저(眼高手底)
마음이 크고 눈은 높으나, 재주가 없어 따르지 못함. 同 안고 수비(眼高手卑).

안광 지배(眼光紙背)
독서의 이해력이 날카롭고 깊은 모양. 종이의 뒤까지 꿰뚫어 보는 뜻. 작자의 마음과 뜻까지

를 알아내는 것.

안광 형형(眼光炯炯)
눈이 반짝반짝 날카롭게 빛남.

안녕 질서(安寧秩序)
공공의 안녕과 사회의 질서.

안심 결정(安心決定)
어떤 신념을 얻어 마음이 움직이지 않음. 앞일이 확정되어, 조금도 불안이 없음.

안심 입명(安心立命)
천명에 맡기어 마음을 평안히 가지어, 하찮은 일에 동하지 않음. 원래는 유교의 말.

안온 무사(安穩無事)
조용하고 편안하게 아무 일 없이 지냄.

안택 생로(安宅生路)
→안택 정로(安宅正路).

안택 정로(安宅正路)
마음놓고 있을 곳과 사람이 지켜야 할 바른 길. 인의(仁義)의 비유. 出典 孟子 離婁

암운 저미(暗雲低迷)
금방이라도 비가 올 듯한 검은 구름이 낮게 드리움. 곧 위험한 일이나 중대 사건과 같은 좋지 않은 일이 일어날 것 같은

불안한 정세.

암중 모색(暗中摸索)
　어둠 속을 더듬어서 물건을 찾는다는 뜻으로, 손붙일 곳이 없는 것을 이리저리 찾아봄을 이름. 出典 隋唐嘉話

암중 비약(暗中飛躍)
　세상이 모르게 뒤에서 몰래 책동함. '암약'은 이에서 나온 말임.

앙급 지어(殃及池魚)
　재앙이 뜻하지 않게 아무런 죄도 없는 연못의 물고기들에게까지 미친다는 뜻으로 곧 까닭없이 화를 당하게 됨을 이름. 出典 呂氏春秋 必己篇

앙천 대소(仰天大笑)
　하늘을 쳐다보고 크게 웃음.

앙천 부지(仰天俯地)
　하늘을 우러러보고 땅을 굽어봄.

앙천 불괴(仰天不愧)
　하늘을 우러러 한 점 부끄러움이 없음.

애매 모호(曖昧模糊)
　희미하고 분명치 않음.

애별리고(愛別離苦)
　부모·형제·부부 등, 사랑하는 자와 헤어지는 슬픔으로 받는 고통.

야랑 자대(夜郎自大)
　세상을 모르고, 저희 동아리 안에서만 큰소리 치고, 뽐내는 자. 중국 한나라 때, 서남 지방의 야랑국이 만이(蠻夷) 중에서 가장 우세했기 때문에, 스스로 크다고 여기고 한나라 사자에게, 저희 나라와 한나라는 어느 나라가 크냐고 물은 데서 나온 말. 類 정중지와(井中之蛙). 出典 史記 西南夷傳

야우 대상(夜雨對牀)
　밤비 소리를 들으면서 침대를 나란히 놓고 누워 있음. 친구의 사이가 좋음을 나타낸 말. 出典 蘇軾〈示子由詩〉

약롱중물(藥籠中物)
　약상자 속의 약. 자기의 수중에 있어서 필요할 때, 언제든지 쓸 수 있다. 또 부하를 삼아서 자기편이 된 사람. 또 필요한 인물의 비유. 類 자가 약롱중물(自家藥籠中物). 出典 唐書 貞元澹傳

약석 무효(藥石無效)
　여러 가지 약품이나 치료법이 듣지 않고, 간호의 보람도 없는 것. 사람의 병사(病死)를 말함. 石은 중국 고대의 주사. 치료와 간호에 힘썼으나 효험이 없다는

뜻. 出典 宣宗〈命皇太子即位册文〉

약석지언(藥石之言)

石은 돌바늘로 고대의 치료구. 약과 돌바늘처럼 몸에 이로운 말. 남의 그릇된 짓을 훈계하여 잘못을 고치게 하는 충고나 잠언을 말함. 유익한 말. 出典 唐書 高馮傳

약육 강식(弱肉強食)

힘이 약한 것이 강한 것에게 먹히고 학대받음. 생존 경쟁이 심함을 이름. 同 우승 열패(優勝劣敗). 出典 韓愈〈送浮屠文暢師序〉

양금 택목(良禽擇木)

좋은 새는 나무를 가려서 둥지를 튼다. 이와 같이 어진 사람은 훌륭한 임금을 가려 섬김을 말함. 出典 春秋左氏傳 哀公十一年

양두 구육(羊頭狗肉)

양의 머리를 내걸고 개고기를 판다. 겉보기나 선전은 그럴듯하나 내용은 그게 아니다. 표면과 내용이 일치하지 않음의 비유. 同 양두 마육(羊頭馬肉). 出典 無門關

양봉 연비(兩鳳連飛)

두 마리 봉황이 날개를 나란히 하고 날아간다. 형제가 같이 출세함을 말함.

양상 군자(梁上君子)

도둑을 말함. 후한의 진식(陳寔)이 대들보 위에 도둑이 숨어 있는 것을 알고, 아들과 손자를 불러서 "본디, 사람은 착하게 타고났으나, 버릇이 되어 나쁜 사람이 되기도 하니, 그 한 예가 양상 군자니라."고 말하자, 도둑은 크게 뉘우쳐, 아래로 내려와 사과했다는 옛일에서 나온 말. 出典 後漢書 陳寔傳

양약 고구(良藥苦口)

좋은 약은 입에 씀. 곧 충고하는 말은 귀에 거슬리지만 자기에게 유익함을 이름. 出典 韓非子 外儲說左上

양인지검(兩刃之劍)

쓰기에 따라 이롭게도 되고, 해롭게도 되는 것. 좌우 양쪽에 날이 있어 양쪽을 다 쓸 수 있는 칼. 出典 資治通鑑

양자 택일(兩者擇一)

둘 중에서 하나를 가림. 同 이자 선일(二者選一).

양장 소경(羊腸小徑)

양의 창자처럼 구불구불 휘고 좁은 길. 대학 입시나 입사 시험의 난관의 비유.

양지 양능(良知良能)

깊이 생각하지 않고 알고, 배우지 않고 행할 수 있는 능력. 경험과 교육에 의하지 않고, 선천적으로 사물을 알고 행할 수 있는 마음의 작용. 出典 孟子 盡心篇

양질 호피(羊質虎皮)
속에 든 것은 양이고 겉가죽은 범. 겉으로 보기에는 훌륭하나 실속이 없는 것. 出典 揚子 法言

양처 현모(良妻賢母)
지아비에게는 좋은 아내, 자녀에게는 현명한 어머니인 것. 出典 史記, 戰國策

양춘 백설(陽春白雪)
초(楚)나라의 악곡 이름으로, 고상한 곡으로 유명함. 고상한 노래는 가락을 맞추어 같이 부르는 사람이 적다. 뛰어난 언행을 이해하는 사람은 적음의 비유.

양화지천(養花之天)
춘삼월, 벚꽃 필 무렵의 흐린 날씨. 곧 꽃봉오리가 볼록해지는 것.

어로지오(魚魯之誤)
자체가 비슷한 문자의 그르침, 魚와 魯는 헷갈려 잘못 쓰기 쉽대서 된 말. 出典 古今事文類集

어목 연석(魚目燕石)
물고기의 눈과 중국의 연산(燕山)에서 나는 돌. 두 가지가 다 옥 같은데, 옥이 아니라는 데서, 비슷하면서 아닌 것. 가짜와 진짜를 구별하기 어려움의 비유. 出典 韓愈 文

어부지리(漁父之利)
도요새가 방합 조개를 쪼았는데, 방합이 껍데기를 닫아서 부리를 물려 빠지지 않아 승강이를 하는 판에, 어부가 힘 안 들이고 잡았다 해서, 제3자가 다투는 틈을 타서 이익을 가로챔을 이름. 중국 전국 시대(기원전 403~221), 조나라가 연나라를 치려 하였을 때, 칙사 소대(蘇代)가 조나라의 혜문왕(기원전 299~266)에게 지금 연나라를 치는 것은 강국 진(秦)나라를 이롭게 할 뿐이라고 진언하여 중지시킨, 옛일에 말미암음. 出典 戰國策 燕策

언서지망(偃鼠之望)
쥐가 물을 마신댔자 자기 배 가득 밖에 더 마시랴. 곧 사람은 자기 분수에 맞도록 행동해야 함.

언어 도단(言語道斷)
너무 심하여 비난도 할 수 없을 정도로 어이가 없어 말문이 막힘을 이름. 본래 불교에서 나온 말로, 말로 나타낼 수 없을

만큼 부처의 말씀은 뜻이 깊고 품격이 높음을 이름. 出典 瓔珞經

언행 일치(言行一致)

입밖에 내어 한 말과, 행동이 같음. 말한 대로 행동함.

엄이 도령(掩耳盜鈴)

제 귀를 막고 방울을 훔침. 방울 소리가 제 귀에 아니 들리면 남의 귀에도 들리지 않으리라는 어리석은 행동을 이름. 눈 가리고 아웅. 出典 呂氏春秋 自知篇

여도 득선(如渡得船)

강을 건너려 할 때, 나루터에서 배를 탈 수 있다는 뜻으로, 필요한 것이나 상황이 바라는 대로 됨. 또 부처의 자비를 입음.

여도지죄(餘桃之罪)

중국의 전국 시대, 위군(衛君)을 섬기어, 그 총애를 받던 미자하(彌子瑕)가 어머니가 병을 앓을 때, 거짓말을 하고 임금의 마차를 타고 나갔다. 위나라에서는 몰래 임금의 마차를 탄 자에게는 다리를 자르는 형벌을 내리기로 되어 있었으나, 이 사실을 안 위군은, "참으로 효자다. 어머니를 위해서 다리 잘리는 형벌을 알고도……!"라고 칭찬했다. 또 어느 날, 위군과 함께 과수원에서 놀던 미자하는 자기가 먹은 복숭아가 하도 맛이 좋아서 나머지 반을 임금에게 바쳤다. 이것을 먹은 임금은 "나를 끔찍이 생각하여, 맛있는 복숭아의 반을 내게 주다니!" 하고 탄복했다. 이윽고, 몇 해 후 안색이 나빠진 미자하는 총애를 잃고, 위군의 견책을 받게 되었다. "이놈이 나를 속이고 내 마차를 탄 데다가, 제가 먹던 복숭아를 내게 먹였것다."라고 따졌다. 이것은 <한비자>의 '세난편'에 보이는 우화로, 남에게 제 생각을 말하여 훈계하기 어려움을 논하였다. 사랑이 미움으로 바뀌면, 덕행(德行)도 죄가 된다. 남의 잘못을 말할 경우, 임금에게 사랑받고 있는가, 미움을 사고 있는가를 가려서 말해야 한다. 사랑받은 것이 죄가 되는 원인이 된다는 비유. 出典 韓非子 說難篇

여명 견폐(驪鳴犬吠)

가라말이 울고 개가 짖는다는 뜻으로, 들을 값어치가 없는 이야기, 보잘것없는 시시한 문장. 가라말은 검은 털 말. 出典 世說新語

여시 아문(如是我聞)

경전의 첫머리에 있는 말. "이와 같이 나는 들었다."의 뜻으로, 확실히 부처님의 말임을 나타냄.

여운 요뇨(餘韻嫋嫋)

　악곡의 연주가 끝난 뒤에까지, 그 울림이 오래 남아 있음. 또는 소리가 끊어지지 않고 이어지는 것.

여유 작작(餘裕綽綽)

　빠듯하지 않고 아주 넉넉함.

여진 여퇴(旅進旅退)

　같이 나란히 나아가고, 나란히 물러선다. 나아가고 물러섬을 같이 한다. 또 정견(定見)이나 절조(節操)가 없이, 다만 남의 의견에 좇음을 말함. 同부화뇌동(附和雷同). 出典 禮記 樂記

역마 농금(櫪馬籠禽)

　櫪은 말구유. 또는 마구간에 깔아 놓은 널빤지. 마구간에 매인 말과 새장에 든 새. 속박되어 자유롭지 않은 몸의 비유.

역성 혁명(易姓革命)

　중국 고대의 정치 사상. 천명(天命)에 의해 덕 있는 사람이 왕위에 오르고, 하늘의 뜻에 반하는 사람은 왕위를 잃는다는 사상.

역전 분투(力戰奮鬪)

　힘을 다해 싸움.

역취 순수(逆取順守)

　일을 해내는 데 도리를 벗어난 부정한 방법을 썼더라도 사후에는 도리에 맞는 방법으로 이것을 지킴을 이름. 出典 史記 陸賈傳

연공 서열(年功序列)

　나이나 근속 연수가 부는 데 따라 지위가 올라가는 것. 또 그 체계. 이것을 산정 기초로 하는 임금 체계를 연공 서열형 임금이라 함.

연년 세세(年年歲歲)

　해마다.

연도 일할(鉛刀一割)

　잘 안 드는 칼이라도 한 번은 자를 수 있다는 데서 변변치 않은 힘이라고 겸손해서 하는 말. 또 두 번 쓸 수 없음의 비유. 出典 後漢書 班超傳

연두 월미(年頭月尾)

　일 년의 첫날부터 그 해의 끝날. 곧 일년 내내.

연명 식재(延命息災)

　무사히 오래 삶. 재앙이 없이 목숨을 연장함.

연목 구어(緣木求魚)

　나무에서 물고기를 잡으려 한다는 뜻으로, 불가능한 일을 억지로 하려 함의 비유. 出典 孟子 梁惠王

연목 토이(鳶目兎耳)

솔개의 눈처럼 밝은 눈과 토끼의 귀처럼 밝은 귀.

연안 짐독(宴安酖毒)

　행실이 바르지 못하여 놀고 즐기는 것은, 마시면 죽는 독주 같아서 사람의 몸을 나침. 짐독은 짐이라는 새의 깃을 술에 담가 마시면 죽는다는 독주. 出典 春秋左氏傳 閔公元年

연편 누독(連篇累牘)

　쓸데없이 길게 늘여 쓴 문장. 出典 北史 李諤傳

연하 고질(煙霞痼疾)

　산수의 좋은 경치를 깊이 사랑하는 마음이 대단히 강함. 곧 세상을 피해 숨어 삶. 出典 唐書 田遊巖傳

연함 호두(燕頷虎頭)

　제비와 같은 턱과 범 같은 머리를 가진 귀인의 상. 먼 나라의 제후가 될 생김새. 또 후한(後漢)의 무장 반초(班超)를 이름. 同연함 호경(燕頷虎頸). 出典 後漢書 班超傳

염력 철암(念力徹岩)

　'염력이 바위를 꿰뚫다.' 불가능하다고 생각했던 일이라도, 진심으로 오로지 힘쓰면 이루지 못할 일이 없음을 비유.

염리 예토(厭離穢土)

사바 세계의 고통을 싫어하여 속세를 떠나는 것.

염불 삼매(念佛三昧)

　마음을 가라앉히고 염불에만 힘씀. 또 그럼으로써 마음의 통일, 평온함을 실현한 상태.

염불 왕생(念佛往生)

　신심(信心)을 가지고 염불을 외면, 악업을 쌓은 사람도 극락에서 다시 태어날 수 있음.

염불 중생(念佛衆生)

　오로지 염불을 외어, 정토(淨土)에 다시 태어나기를 바라는 사람들.

염화 미소(拈華微笑)

　석가가 영취산(靈鷲山)에서 많은 제자를 모아 놓고, 잠자코 연꽃을 따서 보였다. 제자들은 그것이 무엇을 뜻하는가를 몰라 잠자코 있었으나, 오직 한 사람 가섭(迦葉)만이 생긋 웃었다. 그러자, 석가가 불법의 깊은 뜻을 가섭에게 전했다는 옛일로, 이심 전심(以心傳心)의 뜻. 出典 傳燈錄

영고 성쇠(榮枯盛衰)

　성하고 쇠함. 융성했다가 쇠퇴했다 함.

영만지구(盈滿之咎)

　사물이 만족할 만큼 충분할

때일수록 재앙을 만나기 쉬움을 이름. 同 영만지재(榮滿之災). 出典 後漢書 方術傳

영요 영화(榮耀榮華)

　권력이나 부를 얻어서 번성함. 사치를 다함. 호화롭고 화려함. 또 제멋대로인 상태.

영정 고고(零丁孤苦)

　가난해지거나 세력이 꺾이었는데, 도와 주는 사람도 없어, 혼자서 괴로움을 당한 어려운 처지. 出典 晉書 李密傳

영해 향진(影駭響震)

　그림자만 보아도 놀라고, 울림 소리만 들어도 부들부들 떪. 잘 놀람. 同 풍성 학려(風聲鶴唳) 出典 班固 〈答賓戱〉

영혼 불멸(靈魂不滅)

　인간의 육체는 사멸해도, 영혼은 그 육체를 떠나서 영원히 존재하여, 미래의 생활을 가지고 있다는 것. 영혼은 인간 이외의 생물이나 물건에도 존재한다고 생각되고 있음. 出典 楚辭, 後漢書

예미 도중(曳尾塗中)

　벼슬하여 속박되기보다는 가난하더라도 집에서 편안히 사는 편이 났다는 비유. 장자가 초나라 임금이 벼슬하라고 권했을 때, "거북은 죽으면 등딱지가

거북점치는 데 쓰이어 신귀(神龜)로서 존중되기보다는, 비록 진흙 속에 꼬리를 끌고 있더라도 살아 있기를 바랄 것이다." 라고 거절했다는 옛일에서 나온 말. 出典 莊子 秋水篇

오리 무중(五里霧中)

　오리 사방에 낀 깊은 안개 속에서는 방향을 알 수 없다는 데서, 어떻게 해야 할는지 판단을 못하고, 목적을 정하지 못함을 이름. 出典 後漢書 張楷傳

오만 불손(傲慢不遜)

　잘난 체하고 방자하여, 제멋대로 굶. 남 앞에 겸손하지 않음.

오비 이락(烏飛梨落)

　까마귀가 날아가자 배가 떨어짐. 곧 공교롭게도 뜻밖의 의심을 받게 됨을 이름.

오색 상림(五色霜林)

　아름답게 물든 단풍의 숲.

오안 불손(傲岸不遜)

　뽐내어 남을 깔보고, 남에게 굽히지 않는 것. 교만하고 뽐내는 것. 겸허하지 않는 것. 出典 晉書, 論語

오우 천월(吳牛喘月)

　쓸데없는 걱정으로 괴로워하는 비유. 또 몹시 무서워하여

두려워하는 모양. 중국 남방 지방은 몹시 더워서, 물소가 햇볕을 두려워한 나머지, 달을 해로 잘못 보고 헐떡인다는 뜻. 出典 世說新書

오월 동주(吳越同舟)

사이가 나쁜 자끼리나 서로 적을 삼는 자가 우연히 같은 자리에 있음. 또 적이라도 같이 곤란에 처하여 협력함. 춘추 시대에 오나라와 월나라는 사이가 나빠, 두 나라 사람이 우연히 같은 배에 타서 폭풍을 만났을 때, 서로 도왔다는 옛일. 出典 孫子兵法 九地篇

오장 육부(五臟六腑)

다섯 개의 장기와 여섯 개의 창자. 곧 몸의 안, 뱃속. 오장은 심장·폐장·간장·신장·비장, 육부는 대장·소장·위·쓸개·방광·삼초. 삼초는 상초·중초·하초로 한방에서 말하는 소화와 배설을 주관하는 기관.

오토 총총(烏兔怱怱)

까마귀는 태양, 토끼는 달, 총총은 급하고 바쁜 모양. 세월의 흐름이 빠른 것. 同 오비 토주(烏飛兔走). 토주 오비(兔走烏飛).

오풍 십우(五風十雨)

닷새에 한 번씩 바람이 불고, 열흘 만에 한 번씩 비가 오는 풍년이 들 순조로운 기후. 곧 세상이 평온 무사함을 이름. 出典 王充 〈論衡〉

오하 아몽(吳下阿蒙)

언제까지 가도 진보하지 않는 사람. 학문이 없는 쓸모 없는 사람. 吳下는 인명에 붙여 친함을 나타내는 접두어. 삼국 시대, 오나라의 여몽(呂蒙)은 주군인 손권(孫權)에게서 학문에 힘쓰라는 권함을 받아 공부했다. 그 후, 손권의 신하인 노숙(魯肅)이 여몽과 다시 만나, 여몽의 학문이 대단히 진보한 것을 칭찬하고, 이전에는 무략(武略)만인 사람이라고 여기고 있었으나, 지금은 학문도 향상되어, 일찍이 오나라에 있었던 여몽이 아니라고 말했다는 옛일. 出典 三國志 呂蒙傳

오합지중(烏合之衆)

까마귀떼처럼 규율도 통제도 없는 많은 사람의 모임. 또 그와 같은 군대나 군세. 出典 後漢書 耿弇傳

옥상 가옥(屋上架屋)

중복해서 이롭지 않은 일을 함의 비유. 지붕 위에 또 지붕을 만드는 뜻.

옥석 혼효(玉石混淆)

옥과 돌이 뒤섞여 있음. 좋은 것과 나쁜 것, 어진 자와 어리석은 자가 뒤섞여 있음의 비유.
出典 抱朴子

온고 지신(溫故知新)
옛것을 익히어서 새로운 지식이나 도리를 발견하게 된다는 뜻임. 出典 中庸

온유 돈후(溫柔敦厚)
부드럽고 온화하며 성실한 인품. 또 시를 짓는 데 기묘하기보다, 마음에서 우러난 정취가 있는 것. 出典 禮記 經解

온정 정성(溫淸定省)
겨울은 따듯하고, 여름은 시원하며, 밤에는 잠자리를 정하고, 아침에는 안부를 살핌. 효도를 함. 出典 禮記 曲禮

온후 독실(溫厚篤實)
성격이 온화하고 성실함. 인품이 따뜻하고 성실함이 넘침.

와각지쟁(蝸角之爭)
작은 일로 다툼. 또는 하찮은 일에 구애되어 다툼. 달팽이의 왼쪽 뿔에 나라를 세운 촉씨(觸氏)와 오른쪽 뿔에 나라를 세운 만씨(蠻氏)가 서로 땅을 다투어 싸웠다는 우화에서 유래. 同 와우 각상쟁(蝸牛角上爭). 만촉지쟁(蠻觸之爭). 出典 莊子 則陽篇

와룡 봉추(臥龍鳳雛)
누운 용과 봉황의 새끼. 누운 용은 풍운을 만나 하늘로 올라가는 힘을 가지고 있고, 봉황의 새끼는 장차 자라서 반드시 봉황이 됨. 곧 장차 큰 인물이 될 소질을 가진 소년의 비유.

와명 선조(蛙鳴蟬噪)
개구리가 시끄럽게 울고, 매미가 요란하게 운다는 데서, 시끄럽기만 하고, 아무런 성과가 없는 의논이나, 결과가 나쁘고 내용이 없는 문장을 이름.

와신 상담(臥薪嘗膽)
중국 춘추 시대 기원전 496년, 월(越)나라를 친 오(吳)나라 왕 합려(闔閭)는 싸움에 패하고 전사했다. 그 아들 부차(夫差)는 아버지의 원수를 잊지 않으려고 장작 위에서 자고, 드나들 때마다 남을 시켜 "부차, 너는 월나라 사람이 너의 아버지를 죽였다는 것을 잊었느냐."고 말하게 했다. 한편, 부차가 복수를 맹세하고 있다는 말을 들은 월왕 구천(勾踐)은 선수를 쳐서 오를 쳤으나 거꾸로 오나라에게 패하여 회계산에서 항복하였다. 화의(和議)하여 목숨을 건진 구천은 돌아가 쓸개를 앉은 자리 옆에 놓고 이를 핥아, 스스로 "회계의 치욕을 잊었느냐."고 밤낮으로 뇌었다. 그로부터 20년 후, 월왕 구천은 오나라를 무찔러, 부차는 자살했다. 이 옛일에서 복수심을 품고 언제나 그것을

생각하며 고난을 참고 견디어 심신을 단련함을 비유한 말임. 出典 十八史略, 史記 越王勾踐 世家

외우 각상(蝸牛角上)

극히 작은 세계의 비유. 달팽이의 왼쪽 뿔에 있는 촉씨(觸氏)와 오른쪽 뿔에 있는 만씨(蠻氏)가 땅을 다투어 싸웠다는 우화. 세상이 좁음을 일컫는 말. 出典 莊子 則陽

완물 상지(玩物喪志)

쓸데없는 물건을 가지고 노는 데 팔려 소중한 자기의 본심을 잃음. 중국 주(周)나라를 세운 무왕(武王)에게 서역(西域)에서 진귀한 개 한 마리를 보내 왔을 때, 신하인 소공(召公)이 무왕을 훈계하여 한 말이라 함. 무왕은 태공망의 힘으로 은(殷)나라를 멸하고, 도읍을 호경(鎬京)으로 정하고 천하를 통일했음. 出典 書經 旅獒

완미 고루(頑迷固陋)

완고하여 사물을 바로 판단하지 못함.

완완 장사(蜿蜿長蛇)

구불구불 길게 이어진 모양. 완완은 용이나 뱀이 가는 모양. 出典 楚辭 離騷

완전 무결(完全無缺)

완전하여 흠잡을 데가 없음.

왕도 낙토(王道樂土)

왕도를 기본으로 다스리는 즐겁고 평화로운 땅.

왜인 관장(矮人觀場)

사물을 판단하는 견식이 없음. '왜인'은 키가 작은 사람. 왜인이 연극 구경을 갔으나, 앞의 사람에게 가리워 무대가 보이지 않는데, 주위 사람의 비판을 듣고, 덮어놓고 동의(同意)함. 同 왜자 간희(矮子看戲).

외유 내강(外柔內剛)

겉보기에는 온순한 듯이 보이나, 사실은 기가 셈. 겉은 온화하게 보이나 속의 의지가 강함. 出典 易經

외제 학문(外題學問)

책의 이름만은 많이 알고 있으나, 내용에 대해서는 아무것도 모른다. 겉보기 학문을 비웃는 말.

요괴 변화(妖怪變化)

사람의 지혜로는 이해할 수 없는 기괴한 허깨비나 현상, 이상한 물체, 요괴는 요사스러운 귀신. 사람의 형상인데 거대하거나, 추악하거나 한 것. 出典 班固 〈漢書〉

요동지시(遼東之豕)

요동은 요하(遼河) 동쪽이라는 뜻으로, 현재 중국 요녕성 동남부 일대의 땅. 요동에서 머리가 하얀 돼지가 태어났으므로 진기하게 여겼으나, 다른 고장에서는 조금도 진기한 일이 아니었다는 옛일에서, 견문이 좁아서 세상에 흔한 일도 모르고, 혼자서 뽐냄을 말함. 出典 後漢書 朱浮傳

요원지화(燎原之火)

무섭게 번져 가는 벌판의 불. 곧 어떤 일이 확대되어 가는 무서운 기세. 出典 春秋左氏傳 隱公六年

요해 견고(要害堅固)

지세가 험하고 방비가 단단하여, 쳐도 쉽게 무너지지 않음.

용구 봉추(龍駒鳳雛)

어려서 재능이 있고, 총명한 소년을 말함. 出典 晉書

용동 봉경(龍瞳鳳頸)

용과 같은 눈동자와 봉황과 같은 목. 매우 잘생긴 귀골(貴骨)을 말함.

용두 사미(龍頭蛇尾)

처음은 용의 머리처럼 훌륭하나, 끝에 가서는 뱀의 꼬리처럼 가늘어지는 것. 곧, 처음에는 성했으나, 끝이 시원치 않은 것. 出典 碧巖錄

용모 괴위(容貌魁偉)

얼굴과 몸매가 뛰어나게 크고 씩씩하고 훌륭함.

용반 호거(龍蟠虎踞)

지세가 험하여 적을 막기에 좋은 환경. 또 용이 서리고, 범이 웅크리듯이, 호족(豪族)이 있는 곳을 근거지로 하여 위세를 떨침. 出典 李白〈永王東巡歌〉

용사 행장(用舍行藏)

일자리를 얻었을 때에는 나가서 자신이 믿는 바를 행하고, 버리면 물러나 몸을 숨긴다. 나아가고 물러섬이 깨끗하고 분명함. 同 용행 사장(用行舍藏). 出典 論語 述而篇

용양 호박(龍攘虎搏)

용과 호랑이가 싸우는 모양.

용양 호시(龍驤虎視)

용처럼 하늘에 날아 올라, 범처럼 본다는 뜻으로 의지와 기개, 위세가 장하여 한층 훌륭해 보이는 모양. 出典 三國志 諸葛亮傳

용왕 매진(勇往邁進)

거리낌 없이 용감하게 앞으로 나아감.

용의 대패(容儀帶佩)

큰 칼을 허리에 참. 또 그 모

습. 옷차림과 행동.

용의 주도(用意周到)
무슨 일에든지 주의와 준비가 구석구석에까지 미치어, 실수가 없는 것.

용자 단려(容姿端麗)
얼굴 모습과 몸매가 가지런하여 아름다운 것. 흔히 여성을 가리킴. 出典 後漢書 虞延傳

용퇴 고답(勇退高踏)
관직을 그만두고 속세를 떠나서 생활하는 것.

용필 침웅(用筆沈雄)
그림이나 글씨의 붓놀림이 침착하여, 힘이 있는 모양.

용행 호보(龍行虎步)
용처럼 가고, 범처럼 걷는다. 위풍 당당한 행동. 出典 南史 宋武帝紀

용호 상박(龍虎相搏)
용과 범이 서로 싸움. 곧, 두 강자가 서로 싸운다는 뜻.

우공 이산(愚公移山)
옛날, 중국에서 북산에 사는 우공이라는 어리석은 늙은이가, 집 남쪽에 있는 태행(太行)과 왕옥(王屋)의 두 산을 다른 데로 옮기고 길을 내려고 힘쓰고 있다는 이야기를 천제(天帝)가

듣고, 그 진심에 감동하여 옮겨 주었다는 옛일로, 꾸준히 노력하면 어떠한 어려운 일이라도 반드시 해낼 수 있다는 비유. 出典 列子 湯問篇

우기 청호(雨奇晴好)
비가 올 때에 경치가 매우 훌륭하고, 갠 날에도 경치가 좋음. 날씨에 따라 풍경이 변하는 모양. 소식(蘇軾)의 시구. 同 청호 우기(晴好雨奇).

우두 마두(牛頭馬頭)
머리가 소나 말의 모양을 하고, 몸은 사람이라는 지옥의 옥졸(獄卒).

우맹 의관(優孟衣冠)
옛날 초(楚)나라의 배우 우맹(優孟)이 죽은 손숙오(孫叔敖)의 의관을 차리고 손숙오의 아들의 곤궁을 구해 냈다는 옛일로 다른 사람의 흉내를 내는 것을 비유함. 出典 史記 骨稽傳

우문 우답(愚問愚答)
어리석은 질문에 어리석은 대답. 우문은 자기의 질문의 겸칭으로도 씀.

우문 현답(愚問賢答)
어리석은 질문에 어진 대답.

우수 마발(牛溲馬勃)
소의 오줌과 말의 똥. 곧 하

찮은 것, 가치가 없는 것, 쓸모 없는 것의 비유. 出典 韓愈 〈進學解〉

우승 열패(優勝劣敗)

힘이 센 자가 이기고, 약한 자가 진다. 또 생존 경쟁에서 강한 자나 환경에 적응한 자가 살아 남아 번영하고, 약한 자나 환경에 적응하지 못하는 자는 쇠퇴하여 멸망한다. 類 적자 생존(適者生存).

우여 곡절(迂餘曲折)

물이 꺾이어 구부러져 흐르는 모양과 언덕이나 숲이 구불구불 이어져 있는 모양. 곧 사정 따위가 뒤얽혀 복잡함.

우왕 좌왕(右往左往)

많은 사람이 오른쪽으로 갔다 가 왼쪽으로 갔다가 하여 뒤섞 여 혼란함. 너무 급해서 어쩔 줄 모르고 이리 갔다 저리 갔다 함. 혼란해서 허둥거려 목적지 도 없이 돌아다녀 질서가 없음.

우유 무사(優游無事)

여유가 있어 태평스러움.

우유 부단(優游不斷)

우물쭈물하여 결단이 더딘 것. 결단력이 부족한 것. 同 우유 부 단(優柔不斷).

우유 불박(優游不迫)

우유 염담(優游恬淡). 出典 詩 經 小雅 卷阿·采菽

우유 염담(優游恬淡)

초조하지 않고 담담한 것. 사 물에 구애되지 않는 것.

우음 마식(牛飮馬食)

소가 물을 벌떡벌떡 먹듯이 마시고, 말이 먹는 만큼 많이 먹음. 同 경음 마식(鯨飮馬食). 폭음 폭식(暴飮暴食).

우자 일득(愚者一得)

어리석은 자라도 수많은 생각 중에는 드물게 쓸모 있는 생각 도 있음을 이름. 出典 史記 淮陰 侯傳

우행 순추(禹行舜趨)

중국 고대의 하(夏)나라의 시 조 우왕이나 오제(五帝)의 한 사람인 우순(虞舜)과 같은 성인 (聖人)의 행동을 표면만 배우 고, 그 실질, 곧 인격·학문을 따르지 않음을 이름. 出典 荀子 非相篇

우화 등선(羽化登仙)

날개가 생겨, 신선이 되어 하 늘에 오름. 또 술이 거나하게 취하여 기분이 좋음. 出典 前赤 壁賦

우후 죽순(雨後竹筍)

비가 온 뒤에 많이 솟는 죽순

처럼, 어떤 일이 한때에 많이 일어남.

욱일 승천(旭日昇天)

아침 해가 떠오름. 떠오르는 아침 해처럼 세력이 성대함을 이름.

운니 만리(雲泥萬里)

구름과 진흙, 하늘과 땅처럼 대단히 멀리 떨어져 있음. 사물의 차이가 심함을 이름.

운부 천부(運否天賦)

운부는 호운(好運)과 비운(悲運). 운의 길흉. 운이 좋고 나쁘고는 모두가 하늘의 뜻이라, 운을 하늘에 맡김을 이름.

운산 무소(雲散霧消)

구름이랑 안개랑 햇빛이 걷힐 때처럼 산산이 흩어져 흔적도 없이 됨을 이름. 同 운소 무산(雲消霧散). 운산 조몰(雲散鳥沒).

운심 월성(雲心月性)

많은 구름과 밝은 달 같은 마음이나 성질. 명성이나 부를 구하지 않고 고고하여 편안하고, 담박하고 욕심이 없는 상태. 出典 孟浩然〈憶周秀才素上人〉

운연 과안(雲煙過眼)

구름이나 연기가 한 순간에 눈앞을 지나가듯이, 사물을 너무 오래 마음에 두지 않음. 出典 蘇軾〈寶繪堂記〉

운예지망(雲霓之望)

큰 가뭄에 구름과 무지개를 바라듯이 그 희망이 너무나 간설함을 이름.

운주 유악(運籌帷幄)

장막 속에서 여러 모로 방책을 꾸밈. 유악은 장막 속. 出典 史記 高祖紀

운증 용변(雲蒸龍變)

떼지어 끓어오르는 구름을 타고, 용이 기괴하게 움직인다는 데서, 영웅이 때를 만나 세상에 나가 크게 활약함의 비유. 出典 史記 彭越傳

운집 무산(雲集霧散)

많은 것이 모여서는 흩어지고, 모여서는 흩어지는 것. 구름이나 안개의 움직임과 같대서 하는 말. 出典 文選, 班固〈西京賦〉

운합 무집(雲合霧集)

구름이랑 안개처럼, 사람들이 한군데에 많이 떼지어 몰림. 出典 史記 始皇帝記

원교 근공(遠交近攻)

직접으로 이해 관계가 없는 먼 나라와 외교를 맺고 친하고, 이해가 상반하는 가까운 나라를

치는 정책. 중국 전국 시대에
진(秦)의 재상 범수가 주창했
음. 出典 史記 范雎傳

원룡 고와(元龍高臥)

원룡은 후한(後漢) 때 사람
진등(陳登)의 자(字). 친구 허범
(許氾)이 진등을 찾아가자 진등
은 그를 깔보아 자신은 높고 큰
침상에 누워 자고 허범은 그 아
래 작은 침상에서 자게 했다는
옛일로 손님을 업신여김을 이
름. 出典 魏志 陳登傳

원목 경침(圓木警枕)

중국 북송의 사마광(司馬光)
이 통나무로 목침을 만들어, 이
것을 베고 잠이 들면 머리가 미
끄러져 눈을 뜨게 하여 공부했
다는 옛일에서 고학함을 이름.
出典 書言故事

원산지미(遠山之眉)

파랗게 그린 먼산 같은 눈썹.
미인의 눈썹의 형용. 出典 西京
雜記

원수 근화(遠水近火)

먼데 있는 물은 가까운 데의
불을 끄는 데는 쓸모가 없다는
데서, 무슨 일이든 멀리 있는
것은 급할 때에 소용이 없음의
비유. 出典 韓非子 說林訓

원앙지계(鴛鴦之契)

원앙새는 언제나 암수가 함께

있다는 데서 부부의 사이가 좋
음을 이름.

원전 활탈(圓轉滑脫)

말이나 일의 처리가 모나지
않고 거리끼지 않음.

원정 흑의(圓頂黑衣)

정수리를 둥글리고, 검은 옷
을 입음. 곧 중의 모습을 이름.

원증회고(怨憎會苦)

원망하고 미운 자와 만나지
않으면 안 되는 괴로움. 팔고
(생・로・병・사・애별리・원증
회・구부득・오음성)의 하나.

원천 우인(怨天尤人)

하늘을 원망하고 사람을 탓함
을 이름.

원철 골수(怨徹骨髓)

남을 원망하는 마음이 골수에
박힐 만큼 강함의 형용.

원친 평등(怨親平等)

자기에게 해를 끼치는 자와,
자기에게 사랑을 보이는 자를
차별하지 않음.

원하지구(轅下之駒)

'轅'은 소나 말이 끄는 수레의
앞쪽으로 길게 내민 두 개의 막
대기로, 마소가 그 사이에 매이
어 수레를 끌기 위한 것. '駒'는
아직 힘이 없는 두 살 된 말. 멍

에채에 매인 말이라는 뜻에서, 남의 속박을 받아서 스스로는 자유를 얻지 못함을 이름. 또 도저히 그 임무를 다할 힘이 없음의 비유. 出典 史記 魏其武安侯傳

월지 적구(刖趾適屨)

발꿈치를 베어 신발에 맞춘다는 뜻으로 본말(本末)이나 주객(主客)이 거꾸로 됨을 비유한 말. 또는 좋게 하려다 오히려 더 나쁘게 됨. 出典 魏志 明帝紀

월하 빙인(月下氷人)

결혼 중매인. 매파. 당(唐)나라의 위고(韋固)가 어느 달밤에 천하의 모든 남녀의 인연을 맺어 주는 노인을 만났다. 그때, 노인은 위고에게 장래의 아내를 예언하여, 14년 후에 그 예언이 들어맞았다는 옛일에서 나온 말. 出典 晋書 索紞傳

월하 퇴고(月下推敲)

시인 가도(賈島)가 과거를 보러 서울로 갔을 때, 나귀 위에서 시를 지어 "새는 잔다 못가의 나무, 중은 민다 달 아래 문"의 구를 얻었으나, 推(손으로 밀다)자를 敲(똑똑 두드리다)로 바꿀까 하며 결정을 못 짓고 있는데, 마침 시장인 한유(韓愈)의 행차를 만나 물으니, 한유는 敲자가 좋다고 말했다는 고사. 出典 唐詩紀事

월한 강청(月寒江淸)

달빛은 차고 강물은 맑게 조용히 흐르는 겨울철의 달빛과 강물이 이루는 맑고 찬 정경.

위급 존망(危急存亡)

위험과 난관이 눈앞에 닥치어, 이대로 연명할 수 있을까, 아니면 망해 없어지느냐 하는 중요한 시기. 出典 諸葛亮〈出師表〉

위기 일발(危機一髮)

머리털 하나 정도의 차이로 위험한 고비가 되는 경우. 조금만 틀려도 위험에 빠지는 갈림길. 머리털 하나로 대단히 무거운 물건을 끌어, 당장 끊어질 것 같은 위험한 사태의 비유. 出典 韓愈〈與孟尙書書〉

위미 침체(萎靡沈滯)

인심과 문화, 사회에 새로운 것, 확실한 것을 찾는 활기가 없어, 진보·발전하는 움직임이 보이지 않음.

위편 삼절(韋編三絶)

공자가 만년에〈易經〉을 즐겨 읽어 그 가죽 끈이 세 번이나 끊어졌다는 옛일에서 책을 여러 번 거푸 읽음의 비유. 出典 史記 孔子世家

위풍 당당(威風堂堂)

위엄이 있어 그 모습이 훌

룽함. 기세가 크게 성함.

유감 천만(遺憾千萬)

더할 수 없이 분한 것. 뜻대로 아니 되어, 매우 미련이 있는 것. 천만은 "아주·매우"의 뜻.

유금 초토(流金焦土)

쇠가 녹아 흐르고 흙이 그을림. 가뭄이 계속되어 더위가 심함의 형용. 出典 莊子 逍遙遊

유능제강(柔能制剛)

유한 것이 강한 것을 이김. 약한 것을 보이고 적의 허술한 틈을 타 능히 강한 것을 제압함을 이름. 出典 三略

유단 대적(油斷大敵)

무슨 일이나 주의를 게을리하면 실패의 근본이 되므로, 큰 적으로서 경계해야 한다는 것. 아무리 작은 일이라도 결코 마음을 늦추지 말고 대처해야 한다는 뜻. 出典 可笑記

유련 황망(流連荒亡)

'流'는 배로 흐름을 거슬러 올라가는 일. '連'은 흐름을 따라 내려가는 것. '流連'은 유흥의 즐거움에 빠져 집에 돌아갈 것을 잊는 것. '荒'은 귀중한 시간을 거칠게 보내고, '亡'은 정치를 게을리하는 뜻으로, 사냥이랑 음주의 즐거움에 빠지는 것. 유흥에 빠져서 다른 일을 돌보지 않음을 말함. 出典 孟子 梁惠王

유록 화홍(柳綠花紅)

버들은 푸르고, 꽃은 붉고, 자연의 모습 그대로 사람의 손을 더하지 않은 것. 곧, 봄의 경치의 아름다움. 同 유암 화명(柳暗花明).

유명 무실(有名無實)

이름만 있고, 실속이 따르지 않는 것. 이름만 훌륭하고 그 실질이 없음. 出典 寶生院文書

유방 후세(流芳後世)

좋은 평판과 명성을 후세에 길이 전함. 同 유방 백세(流芳百世).

유붕 원래(有朋遠來)

뜻을 같이하는 친구가 먼데서 찾아오는 기쁨과 즐거움. 出典 論語 學而篇

유비 무환(有備無患)

미리 준비가 갖추어져 있으면, 뒷걱정이 없음. 出典 書經 說命

유상 무상(有象無象)

천지간(天地間)에 있는 모든 물체. 만물.

유심 고조(有心故造)

남의 다리를 잡아당기거나,

쓰러뜨리려고 음모를 꾀하고, 일부러 일을 벌이는 것.

유아 독존(唯我獨尊)

석가가 탄생했을 때, 일곱 걸음 걷고 오른손으로 하늘을, 왼손으로 땅을 가리키고, "천상천하(天上天下) 유아 독존"을 외친 옛일에서, 이 세상에 자기만한 자가 없음을 말함. 곧 자기만큼 훌륭한 자는 없다고 자부하는 것.

유암 화명(柳暗花明)

버드나무 잎이 우거져서 그늘이 어둡고 꽃은 피어서 환함. 곧 봄의 아름다운 경치를 말함.

유야무야(有耶無耶)

유무를 따지지 않고 어름어름함.

유언 비어(流言蜚語)

'비어'는 飛語라고도 씀. 확증이나 근거 없는 소문. 재해 때의 사회 불안이나 남을 헐뜯기 위한 터무니없는 소문.

유언 실행(有言實行)

말한 것은 반드시 실행하는 것. 또 각별히 말을 내세우고 일을 행하는 것도 가리킴.

유월 비상(六月飛霜)

억울한 일을 당한 사람이 있으면 오뉴월의 더운 날씨에도 서리가 내린다는 뜻. 연(燕)나라의 추연(鄒衍)이란 충신이 간신배의 모함을 받고 감옥에 갇히어, 하늘을 우러러 울부짖자 여름인데도 갑자기 서리가 내렸다는 옛일. 出典 初學記

유위 전변(有爲轉變)

불교의 가르침으로 이 세상의 현상은 모두 그대로 있지 않고 인연(因緣)에 의하여 옮기어 변해 가는 것이라는 것. 덧없음을 이름. 出典 太平記

유위 천변(有爲天變)

→ 유위 전변(有爲轉變).

유유 낙낙(唯唯諾諾)

일의 선악이나 시비에 거리끼지 않고, 조금도 거스르지 않고 남의 의견에 따름. 곧 "예, 예" 하고 남의 말에 맹종함을 이름. 出典 韓非子 八姦

유유 완완(悠悠緩緩)

걱정이 없어서 느긋한 모양. 出典 淮南子

유유 자적(悠悠自適)

여유가 있어서 한가롭고 걱정이 없는 모양. 속세에 속박 없이 자기 멋대로 마음 편히 지내는 것.

유일 무이(唯一無二)

오직 하나뿐이고 둘도 없음.

유종지미(有終之美)

　종시 일관해서 최후까지 해내어, 훌륭한 성과를 거두는 것. 결과가 훌륭하여 용두 사미가 아닌 것.

유지 첨엽(有枝添葉)

　가지에 잎을 더함. 이야기에 꼬리와 지느러미를 달아서 일부러 과장하는 것.

유직 고실(有職故實)

　조정이나 공가(公家)·무가(武家)의 예의·행사·관직·제도·복식 등에 대한 규정·관례 및 선례가 되는 사항. 出典 國語 周語上

유취 미간(乳臭未干)

　젖내가 가시지 않은 젊은이를 비웃는 말. 곧 나이 젊어 경험이 적은 미숙자의 비유.

유항 화가(柳巷花街)

　사창에는 버드나무를 심고, 거리에는 꽃도 피어 있으므로, 유곽을 가리킴.

유형 무형(有形無形)

　모양이 있어 눈에 확실하게 보이는 것과 똑똑하게 보이지 않는 것.

육근 청정(六根淸淨)

　육근은 사람을 미혹(迷惑)하게 하는 여섯 가지의 근원. 곧, 눈·귀·코·혀·몸·뜻을 말함. 육근의 집착을 끊고 맑아지는 일. 또는 영산(靈山)에 올라가 한행(寒行)하는 자가 외는 말. '한행'은 소한·대한의 추위 속을 견디어 나가는 고행(苦行). 出典 圓覺經

육도 삼략(六韜三略)

　육도는 주나라 태공망(太公望)이 지었다는 병서로, 문도·무도·호도·표도·용도·견도의 육 장으로 되어 있음. 삼략은 진(秦)나라의 황석공(黃石公)이 지었다는 상략·중략·하략의 세 책을 말함. 곧 병법의 깊은 뜻. 비결.

육력 협심(戮力協心)

　서로 힘과 마음을 모아 일을 함.

융통 무애(融通無碍)

　거침없이 통하여 막히지 않는다는 뜻에서, 사고(思考)나 행동이 자유롭고 활달한 것.

은근 무례(慇懃無禮)

　공손이 지나쳐서 도리어 무례가 됨. 또 겉으로는 공손하나, 속으로는 대단히 거만하고 건방져서 뻔뻔스러움.

은근 미롱(慇懃尾籠)

　지나치게 겸손하고 정중하여, 도리어 무례하게 됨. 겉과 속이 다름.

은수 분명(恩讎分明)

은혜를 준 자에게는 반드시 은혜로, 원한을 품게 한 자에게는 원한으로 갚음을 이름. 出典 呂氏童蒙訓

은인 자중(隱忍自重)

겉으로 나타내지 않고 꾹 참고 가벼이 행동하지 않음. 괴로움을 견디고 이겨 냄.

음덕 양보(陰德陽報)

남이 모르게 착한 행동을 하면, 뒷날 반드시 눈에 보이는 갚음이 돌아옴. 出典 淮南子 人間訓

음신불통(音信不通)

소식이 전연 없음. 또 연락이 전연 없음.

음토 낭랑(音吐朗朗)

음성이 풍부해서 상쾌한 모양. 시나 문장을 소리내어 읽음을 이름.

읍참 마속(泣斬馬謖)

큰 목적이나 공적·처지·법·기준을 보이기 위해, 사사로운 정을 섞지 않고 자기가 가장 사랑하는 것이라도 처단하는 것. 삼국 시대 촉나라의 제갈 공명이 명령을 어기고 패전한 사랑하는 부하인 마속을, 법을 어기지 않기 위해 마지못해 울면서 죽였다는 고사. 出典 十八史略

의금지영(衣錦之榮)

입신 출세하여 고향으로 돌아가는 것. 부귀하게 되어 비단옷을 입고 고향으로 돌아가는 명예의 뜻. 同 금의 환향(錦衣還鄕). 出典 歐陽修 〈晝錦堂記〉

의기 양양(意氣揚揚)

자랑스러워 뽐내는 모양. 類 기우 장대(氣宇壯大). 反 의기 소침(意氣銷沈). 出典 史記 管晏傳

의기 충천(意氣衝天)

의욕, 기세가 하늘을 찌를 듯이 성함을 이름.

의기 투합(意氣投合)

서로 마음이 맞음.

의기 헌앙(意氣軒昂)

기세가 왕성한 것. 기운이 있는 모양. 同 의기 충천(意氣衝天).

의론 백출(議論百出)

여러 가지 많은 의견이 나옴. 同 의견 백출(意見百出).

의마 심원(意馬心猿)

번뇌나 정욕 때문에 마음이 흐트러져 누를 수 없음을, 날뛰는 말을 그치게 할 수 없고, 떠

드는 원숭이를 진정시킬 수 없는 데 비유한 말.

의미 심장(意味深長)

사람의 언동이나 문장이 표현하고 있는 내용이 느낌이 깊고 함축이 있음. 또 표면적인 이유 외에 다른 의미가 숨어 있음. 말이나 글의 뜻이 매우 깊음.

의식 몽롱(意識朦朧)

자기가 처해 있는 상황이 인식되지 않을 만큼, 정신이 희미하여 확실하지 않은 모양. 出典 王充〈論衡〉

의심 암귀(疑心暗鬼)

의심하는 마음이 있으면 대수롭지 않은 일까지도 두려워 불안함. 類 배중 사영(杯中蛇影). 出典 列子 說符篇, 韓非子 說難篇

의중지인(意中之人)

마음속에 생각하여 정해 놓은 사람. 특히 그리워하는 이성. 出典 陶潛〈五言〉

의지 박약(意志薄弱)

하고자 하는 마음이 약하여 참지 못함.

이고 고약(二股膏藥)

가랑이 안쪽에 붙인 고약처럼 오른쪽에 붙었다 왼쪽에 붙었다 하여, 태도가 일정하지 않음.

이구 동음(異口同音)

많은 사람이 다 같은 말을 동시에 함. 또 많은 사람이 일치하여 같은 의견을 말함.

이군 색거(離群索居)

친구들에게서 떨어져 혼자 있음. 出典 禮記 檀弓篇

이단 사설(異端邪說)

바르지 않은 가르침이나 논설.

이독 제독(以毒制毒)

악을 누르는데 다른 악을 이용하는 것의 비유. 독을 빼기 위해 다른 독을 사용하는 것. 出典 傳燈錄

이로 정연(理路整然)

사물의 도리나 이야기의 줄거리 따위가 질서가 있어 가지런함.

이매 망량(魑魅魍魎)

여러 가지 도깨비, 가지가지 요괴 변화. 이매는 산림의 기운에서 생기는 도깨비, 망량은 산천이나 목석의 정령. 자기의 이익을 위해서 피투성이가 되어, 여기저기 숨어서 나쁜 계략을 꾸미고 있는 죽은 사람의 비유. 出典 淮南子

이목 일신(耳目一新)

귀에 들리는 것, 눈에 보이는

것, 모든 것이 새로운 모습. 모든 것이 전과 달라, 몰라볼 만한 상태.

이상지계(履霜之戒)

서리가 내리는 계절이 되면 머지않이 얼음이 얼므로, 조짐을 보아 미리 재앙에 대비하라는 경계. 出典 唐書 高宗紀贊

이생 방편(利生方便)

부처가 묘한 방법으로, 중생에게 이익을 줌. 또는 그 방법.

이심 전심(以心傳心)

말하지 않고 자기의 의사를 겉에 나타내지 않아도 서로 마음이 통하여 맞음. 마음에서 마음으로 전한다는 뜻. 類 불립 문자(不立文字). 出典 傳燈錄

이여지교(爾汝之交)

서로 '너'라고 부르는 친밀한 교제. '爾汝'는 상대를 가볍게 여기거나 친해서 존대말을 쓰지 않는 것.

이용 후생(利用厚生)

사람들이 쓰는 기계·기구·도구를 편리하게 만들고, 살림이 넉넉하여 즐거움이 되게 하는 것.

이원 제자(梨園弟子)

연극 배우. 당나라 환종(幻宗) 황제는 음악을 사랑하고 정

통하여, 궁중 뜰에 음악 교습소를 마련하고 가르쳤다. 그 뜰에 나무 동산이 있어 후세에 연극계를 이원이라고 했음.

이율 배반(二律背反)

논리(論理)에서 타당하다고 보는 두 개의 명제가 서로 모순되는 일.

이이 제이(以夷制夷)

다른 나라의 야만인의 힘으로 또 다른 나라의 야만인을 누름. 남의 힘을 빌려서 자기의 이익을 꾀함. 곧, 적(敵)을 이용하여 적을 침. 夷는 옛날 중국에서 동방의 미개인을 일컫던 말.

이인 삼각(二人三脚)

두 사람이 일치 협력하여, 일을 성취시키거나, 공동으로 생활함의 비유. 또 두 사람이 나란히 어깨를 겯고, 서로 이웃한 발목을 끈으로 매어 세 다리로 달리는 경주.

이자 선일(二者選一)

두 개의 사항 중, 어느 한 쪽을 택하여 취하는 것. 또 선택해야 할 일.

이제 면명(耳提面命)

잘 이해하도록 차근차근 가르침. 귀를 잡아당기고, 얼굴을 맞대듯이 가르친다의 뜻. 곧 친절히 가르쳐 줌의 형용.

이중지련(泥中之蓮)

나쁜 환경에 있어도 그것에 물들지 않는, 훌륭한 삶의 비유. 오탁(汚濁) 속에서 더럽히지 않고, 청정(淸淨)을 유지하고 있는 것의 비유. 出典 維摩經

이체 동심(異體同心)

몸은 따로따로이지만 마음은 같아서 하나임. 서로 극히 친밀함을 이름. 同 일심 동체(一心同體).

이하 과전(李下瓜田)

자두나무 밑에서 갓을 바로잡고, 오이밭에서 신발을 고쳐 신는다. 남의 의혹을 받을 만한 행동. 同 이하지관(李下之冠). 出典 文選

이하 백도(二河白道)

서방(西方)의 극락 정토(極樂淨土)에 이르는 길의 도중에 물의 강과 불의 강 사이에 있는 폭 10∼12cm의 하얀 길. 중생의 탐욕을 물의 강에, 노하고 성내는 마음을 불의 강에 비유하여, 중생이 그 사이에 끼인 번뇌에서 생기는 청정(淸淨)한 왕생(往生)을 바라는 마음을 백도(白道)에 비유한 것. 범부(凡夫)도 석가의 권유와 아미타불의 부름을 믿고 염불하면, 서방 정토에 왕생할 수 있다고 함.

이합 집산(離合集散)

헤어짐과 모임.

이해 득실(利害得失)

이익과 손해와 얻음과 잃음. 出典 觀經疏散善義

익자 삼우(益者三友)

교제하여 자기에게 도움이 되는 세 종류의 벗. 곧 정직한 사람, 성실한 사람, 지식이 있는 사람. 出典 論語 季氏篇

인간 청산(人間靑山)

사람이 이르는 곳에 청산이 있다. 곧 세상은 넓은 곳, 고향을 떠나 크게 도전하려는 뜻.

인과 발무(因果撥無)

인과의 원리와 법칙을 부정하는 그릇된 생각. 발무는 떨어버리고 돌아보지 않는다는 뜻.

인과 응보(因果應報)

불교에서 착한 일을 하면 착한 과보가 있고, 악한 일을 하면 악한 과보가 있음을 이름. 곧 과거에 한 일의 선악에 따라 현재의 행·불행이 있고, 현재에 한 일의 결과가 미래에 있어서 선악의 과보가 생김을 말함. 지금은 나쁜 의미로 쓰임. 同 인과 보응(因果報應).

인구 회자(人口膾炙)

널리 세상 사람의 이야깃거리가 됨.

인권 유린(人權蹂躪)
　국가 권력이 개인의 권리를 침해하는 일.

인면 수심(人面獸心)
　얼굴은 인간이지만 마음은 짐승과 같은 사람. 인도(人道)에 어긋나고, 냉혹 비정하고 의리와 인정을 모르는 사람을 꾸짖어 하는 말. 出典 漢書 匈奴傳

인사 불성(人事不省)
　혼수 상태에 빠져 의식 불명이 됨. 지각이 없어져 버림.

인생 행로(人生行路)
　사람으로서 살아가는 길. 인간의 일생에는 가지가지 괴로움이 있어, 매우 어려운 것이라는 뜻. 예상할 수 없는 나그네 길에 인생을 비유한 것.

인순 고식(因循姑息)
　오랜 습관이나 습속에 얽매여 한때를 넘기는 임시 변통. 또 일을 함에 있어 결단력이 없어 우물쭈물함.

인심 흉흉(人心恟恟)
　인정이 메말라 사회가 어지러움.

인위 도태(人爲淘汰)
　생물의 품종 개량에 있어서, 형상이나 성질의 변이성 중에서, 인간에게 이로운 유전형을 골라 그 형질을 일정한 방향으로 변화시킴을 이름.

인적 미답(人跡未踏)
　지금까지 아무도 발을 들여놓아 밟은 적이 없음.

인지일자(忍之一字)
　忍이라는 한 자(인내, 忍耐)를 지키는 것이, 모든 일을 성취하는 데 있어 가장 소중하다는 것. 만사의 성공은 忍 한 자에 있음. 出典 呂本中〈官箴〉

인해 전술(人海戰術)
　다수의 병력을 동원해서, 손해를 각오하고, 수의 힘으로 적을 무찌르려는 전술. 곧 다수의 인간을 투입해서 사물을 대처함.

일가 권족(一家眷族)
　가족과 친척. 친족.

일가 단란(一家團欒)
　한집안의 식구가 화목하게 지냄.

일각 천금(一刻千金)
　얼마 안 되는 시간이 천금에 해당할 만큼 큰 가치가 있음. 또 즐거운 때나 중요한 때가 금방 지나가는 것을 아까워함을 이름. 出典 蘇軾〈春夜詩〉

일간 풍월(一竿風月)

유유 자적한 인생을 보냄의 비유. 한 개의 낚싯대를 벗하여 낚시를 하여, 속된 일을 잊고 자연의 풍물을 즐기는 것. 出典 陸游〈感舊詩〉

일고 경성(一顧傾城)

절세의 미녀. 곁눈질로 보아도 사람의 마음을 어지럽혀, 나라를 기울여 망하게 하는 요염한 여자라는 뜻. 同 경국지색(經國之色). 出典 漢書, 文選

일구 양설(一口兩舌)

같은 입으로 두 가지 말을 함. 同 일구 이언(一口二言).

일기 가성(一氣呵成)

시나 문장을 단숨에 써냄. 또 사물을 급히 해냄을 이름. 類 일사 천리(一瀉千里). 出典 淸高宗 文

일기 당천(一騎當千)

다만 혼자서 천 명의 적을 상대로 싸울 만큼 강함. 무리에서 뛰어난 용자(勇者)를 형용하는 말. 곧 지식이나 기술 따위가 어느 사람보다도 뛰어남을 이름. 同 일인 당천(一人當千).

일기 일회(一期一會)

일생에 한 번 만나는 것. 또 일생에 한 번뿐인 것.

일낙 천금(一諾千金)

한 번 승낙했으면, 그것이 천금에도 해당한다는 데서 대단히 신용이 있음을 이름. 또 약속은 반드시 지켜야 한다는 비유. 중국 초나라의 명장 계포(季布)가 일단 맡은 일은 틀림없이 실행했으므로 사람들의 신뢰를 받아, '계포 일낙'이라는 말에서 나왔음. 出典 史記 季布傳

일념 발기(一念發起)

지금까지의 마음을 고쳐, 부처님을 믿으려 함. 곧 뉘우치고 마음을 고쳐 먹어 열심히 맞붙음.

일념 화생(一念化生)

집념으로 다시 태어남. 생각하기에 따라, 아귀도 되고 부처도 됨.

일단 완급(一旦緩急)

한 번 급한 사태가 일어났을 때. 出典 漢書 爰盎傳

일도 양단(一刀兩斷)

물건을 큰 칼로 쳐서 둘로 자름. 정실 따위에 얽매이지 않고 결심하고 일을 빨리 처리함. 단호한 태도로 사물을 처리함. 出典 朱子語類

일득 일실(一得一失)

한쪽에서 좋은 일이 있으면, 다른 쪽에서는 나쁜 일이 있음. 또 한쪽에서 이익이 있는 동시

에 다른 쪽에는 손실이 있음.同
일장 일단(一長一短). 일리 일
해(一利一害). 出典 無門關

일련 탁생(一蓮托生)
　죽은 뒤에 극락 정토에서 같
은 연꽃 위에 다시 태어남. 곧
사물의 선악이나 결과의 선악에
관계없이, 행동이나 운명을 함
께 함. 出典 觀無量壽經

일로 평안(一路平安)
　여행을 떠나는 사람에게 여행
중 평안 무사하기를 비는 말. 出典
紅樓夢

일룡 일저(一龍一猪)
　학문을 하느냐 안하느냐로 장
차 그 능력에 차가 생김의 비
유. 용은 영재(英才)·현자, 저
는 어리석은 사람. 당송 팔대가
의 하나인 한유(韓愈)가 아들을
훈계한 시구.

일리 일해(一利一害)
　사물에는 모두 한쪽에 이익이
있는가 하면 다른 쪽에 손해가
있음을 이름. 곧 이익도 있지만
손해도 있어서 완전하지 않음을
이름. 同 일득 일실(一得一失).

일립 만배(一粒萬倍)
　한 톨의 벼를 뿌리면 일만 톨
의 쌀이 됨. 얼마 안 되는 것이
불어나서 많은 것이 됨. 또 적
은 것이라도 소홀히 해서는 안

된다는 경계. 出典 報恩經

일망 무애(一望無涯)
　아득하게 끝없이 멀어서 눈을
가리는 것이 없음. 同 일망 무제
(一望無際).

일망 천리(一望千里)
　한 눈으로 천리밖 먼데까지
바라볼 수 있을 만큼 전망이 좋
음.

일망 타진(一網打盡)
　그물 하나를 던져서 물고기를
다 잡듯이, 한 동아리를 한 가
지 일을 구실로 한 번에 남김없
이 다 잡아 버린다는 뜻임. 出典
宋史 范純仁傳

일모 도원(日暮途遠)
　해는 저물고 갈 길은 멂. 곧
뜻하는 바는 큰데, 때가 늦어서
쉽게 이룰 수 없음의 비유. 出典
史記 伍子胥傳

일목 요연(一目瞭然)
　사물의 상태를 한 번 보고도
잘 앎. 잠깐 보고도 환하게 알
수 있음.

일목 일초(一木一草)
　한 그루 나무, 한 포기 풀.
또, 거기 있는 온갖 풀과 나무.

일문 반전(一文半錢)
　액수가 얼마 안 되는 적은

돈.

일문 불통(一文不通)
　글자를 한 자도 몰라, 읽고 쓰지를 못함.

일미 도당(一味徒黨)
　같은 목적을 위해서 떼를 지은 무리.

일미 동심(一味同心)
　힘을 합하여 마음을 하나로 함.

일빈 일소(一嚬一笑)
　얼굴을 찡그리기도 하고 웃기도 함. 무엇인가를 기대하여 윗사람의 기분을 살핌을 이름. 出典 韓非子 內儲說上

일사 천리(一瀉千里)
　강물이 한 번 흐르기 시작하면 대번에 천 리를 흘러 내려간다는 뜻에서 사물의 진행이 빠르고 막힘이 없음의 비유. 出典 福惠全書

일살 다생(一殺多生)
　한 사람을 죽임으로 해서, 많은 사람을 살림을 이름. 즉 여러 사람을 위해 한 사람을 희생시킴.

일상 다반(日常茶飯)
　날마다의 식사, 곧 늘 있는 극히 흔한 일.

일상 좌와(日常坐臥)
　날마다 하는 생활.

일석 이조(一石二鳥)
　한 개의 돌을 던져 두 마리의 새를 쳐서 떨어뜨림. 한 가지 일을 해서 두 가지 목적을 이룩함. 하나의 행위로 동시에 두 가지 이익을 얻음의 비유. 同 일거 양득(一擧兩得).

일세 일대(一世一代)
　사람의 일생, 한 생애. 곧, 한 평생.

일세 풍미(一世風靡)
　어느 시대의 사람들을 어느 일에 쏠리게 하는 것. 풍미는 풀이 바람에 옆으로 나부끼듯이 복종하는 것. 出典 春秋左氏傳 一世

일숙 일반(一宿一飯)
　여행 길에 하룻밤 숙박하여 한끼 식사를 대접받는 것으로 신세를 짐. 곧, 조그마한 은덕을 입음의 비유.

일시 동인(一視同仁)
　어떤 계급, 처지의 사람도 차별하지 않고, 평등하게 사랑함. 出典 韓愈〈原人〉

일신 기원(一新紀元)
　세상이 새롭게 바뀐 최초의 해. 하나의 새로운 시대.

일신 월성(日新月盛)

날마다 새로운 것이 생기고, 다달이 왕성하여짐. 본래는 주희(朱熹)의 글에 나오는 '이단지설, 일신 월성(異端之說, 日新月盛)'에 의함. 주희는 중국 남송(南宋)의 유학자로 주자(朱子)로 높여 부름.

일심 동체(一心同體)

두 사람 이상의 인간이 마음을 하나로 합쳐서 마치 한 사람의 인간이 되는 것. 同 이체 동심(異體同心).

일심 불란(一心不亂)

마음을 한 가지 일에 기울여, 다른 것에 주의를 돌리지 않는 모양. 불란은 불교어. 出典 阿彌陀經

일안 고공(一雁高空)

기러기는 떼지어 나는데, 무리에서 빠져 나온 한 마리 기러기가 높고 맑은 가을 하늘을 높이 날아가는 모양. 고독한 심경과 고고한 경지.

일양 내복(一陽來復)

겨울이 가고 봄이 옴. 나쁜 일이나 괴로운 일이 계속되다가 간신히 행운이 옴. 음력 5월부터 음기가 생기기 시작하여, 반대로 양기가 사라짐. 이윽고 음기는 쇠하기 시작하여 반대로 양기가 생겨, 11월이 되면 양기가 회복되므로, 음력 11월을 가리키고, 또 마침 동지 무렵에 해당함. 出典 易經 復卦

일언 거사(一言居士)

무슨 일에든지, 자기의 의견한 마디를 말하지 않으면 직성이 안 풀리는 사람.

일언 반구(一言半句)

한 마디의 말과 한 구의 반, 즉 극히 짧은 말.

일엽 지추(一葉知秋)

하나의 낙엽을 보고 가을이 옴을 안다는 뜻. 조그마한 작은 일로 장차 있을 일을 짐작함. 出典 淮南子 說山訓

일우 명지(一牛鳴地)

한 마리 소의 울음소리가 들릴 만큼 가까운 지역.

일의 대수(一衣帶水)

하나의 띠처럼 좁은 강이나 해협. 또 그와 같은 강을 사이에 두고 가까이 접해 있음. 중국 수나라 문제(文帝)가 중국 통일을 목표로 진(陳)나라를 칠 즈음에, 양자강을 일의 대수라고 불렀음. 出典 南史 陳後主紀

일의 전심(一意專心)

오로지 한 가지 일에 마음을 집중함. 同 전심 일의(專心一意). 일심 불란(一心不亂).

일의 직도(一意直到)

마음먹은 것, 생각한 것을 속임 없이 그대로 나타냄.

일인 당천(一人當千)

한 사람의 힘으로 능히 천 사람의 힘을 당해 냄. 同 일기 당천(一騎當千).

일일 삼추(一日三秋)

하루를 안 만나면 삼 년 동안 안 만난 것 같음. 애타게 기다리는 마음이 강한 것.

일일 천추(一日千秋)

하루만 안 만나도 천 년이나 안 만난 것 같음. 사랑하는 사람끼리의 사모하는 마음이 간절함을 이름. 뜻대로 만날 수 없는 초조함을 나타내는 말. 또 만날 날이 기다려져 못 견디는 심정을 이름.

일자 무식(一字無識)

아주 무식함.

일자 상전(一子相傳)

학문이나 기예 따위의 깊은 뜻을 자기의 자녀 중 한 사람에게만 전하고, 다른 사람에게는 비밀로 함.

일자 천금(一字千金)

글자 한 자(字)의 값이 천금에 해당한다는 뜻으로, 지극히 가치가 있음. 곧 뛰어나게 훌륭

한 문장의 비유. 出典 史記 呂不韋傳

일장 일단(一長一短)

장점도 있고 단점도 있음.

일장 일이(一張一弛)

활의 줄을 켱겼다 늦추었다 함. 곧 어느 때는 엄격하게, 어느 때는 관대하게 함. 出典 禮記

일조 부귀(一朝富貴)

가난한 사람이 갑자기 부귀를 누리게 됨.

일조 일석(一朝一夕)

하루 아침, 하루 저녁. 얼마 안 되는 시일(時日). 또 기간이 극히 짧고 빠름을 이름. 出典 易經 坤卦 文言

일족 낭당(一族郞黨)

같은 혈통, 동족인 자와 그 부하. 낭당은 주인과 혈연 관계가 없는 자.

일종 일병(一種一瓶)

한 가지 안주와 한 병의 술. 곧 안주와 술을 가지고 와서 벌이는 술잔치.

일즙 일채(一汁一菜)

밥상의 반찬이 마실 것과 푸성귀 하나뿐임. 또 그와 같은 대단히 검소한 식사의 비유.

일지 반전(一紙半錢)

　종이 한 장과 돈 오리(五厘). 얼마 안 됨의 비유. 또 불교에서 얼마 안 되는 보시를 이름.

일지 반해(一知半解)

　대강만 알고 충분히 알지 못함. 지식이 천박하여 이치에 맞지 않음. 出典 滄浪詩話

일진 법계(一眞法界)

　오직 하나인 참된 세계. 절대 무차별의 우주의 실상.

일진 월보(日進月步)

　날로 달로 끊임없이 진보함.

일진 일퇴(一進一退)

　나아갔다 물러섰다 함. 또 정세나 증상 따위가 좋아졌다 나빠졌다 함.

일창 삼탄(一唱三嘆)

　중국 종묘의 제사에서, 아악을 연주할 때, 한 사람이 발성하고 세 사람이 따라 부름. 또 한 번 읽고 세 번 감탄하는 것으로, 시문의 훌륭함을 칭찬하는 말. 出典 禮記

일척 천금(一擲千金)

　큰돈을 아낌없이 한 번에 던짐. 결심하고 대단한 일을 함의 비유. 出典 高適〈少年行〉

일체 중생(一切衆生)

　이 세상의 생을 받은 모든 것. 살아 있는 온갖 것.

일촉 즉발(一觸卽發)

　조금만 건드려도 곧 폭발할 것 같다는 뜻에서, 하찮은 일이 실마리가 되어 당장 난투나 전쟁이 일어날 것 같은 긴박한 상태를 이름.

일치 협력(一致協力)

　어느 공통의 목적을 달성하기 위해, 조직이나 그룹, 동지가 서로 힘을 합쳐서 노력하는 것. 일치 단결하여 분투하는 것.

일패 도지(一敗塗地)

　한 번 패하여 간(肝)과 머리가 땅에 뒹굶. 곧 여지없이 패하여 다시 일어설 수 없게 됨. 出典 史記 高祖紀

일폭 십한(一曝十寒)

　부지런히 일하는 것은 며칠 안 되고, 게으름을 피우는 날이 많음. 또 한쪽에서 노력해도 한쪽에서 망침의 비유. 出典 孟子 告子篇

일필 계상(一筆啓上)

　한 통의 편지에서 아뢴다는 뜻으로, 남성이 편지의 첫머리에 쓰는 관용구.

일필 구지(一筆勾之)

　붓으로 선을 죽 그어 글자를

지워 버림.

일향 만강(一向萬康)

한결같이 아주 평안함. 윗사람의 안부를 묻는 편지에 씀.

일허 일실(一虛一實)

사물이 나타나기도 하고 숨기도 하여, 변화하여 실체를 잘 모름을 이름.

일확 천금(一攫千金)

대번에 거액의 이득을 얻음을 이름.

일희 일우(一喜一憂)

상황의 변화에 따라 기뻐했다가 근심했다가 진정하지 못함을 이름.

임기 응변(臨機應變)

그때그때 그 시기에 임하여 적당히 일을 처리함. 出典 南史 梁宗室傳

임심 이박(臨深履薄)

깊은 못가에 서고 살얼음을 밟음. 곧 전전 긍긍하여 경계하고 조심함을 이름.

입립 신고(粒粒辛苦)

쌀 한톨 한톨이 농민의 애쓴 결정임. 곡식의 소중함을 이른 말. 무슨 일을 이루려고 꾸준히 노력하는 일. 出典 李紳〈憫農〉五言

입신 출세(立身出世)

지위를 얻어 세상에 이름을 날림.

입추지지(立錐之地)

송곳 하나 세울 만한 매우 좁은 땅. 얼마 안 되는 빈터. '입추의 땅도 없다.'는 약간의 토지도 소유하지 않은 것. 또, 그 사람이나 나라. 가난한 사람을 말함. 同 치추지지(置錐之地). 出典 漢書 食貨志

자가 당착(自家撞着)

자기의 말한 것이나 행위가 앞뒤가 맞지 않아, 조리(條理)가 맞지 않음. 同 자기 모순(自己矛盾). 出典 禪林類聚 看經門

자강 불식(自强不息)

스스로 힘쓰고 가다듬어 쉬지 아니함.

자급 자족(自給自足)

자기가 필요한 것을 스스로 생산하여 충당함.

자기 모순(自己矛盾)

자기의 논리나 실천의 내부에서, 몇 개의 사항이 상호 대립하는 것. 자기 자신이 사리가 맞지 않는 것. 出典 韓非子

자력 회향(自力回向)

자기가 수득한 공덕의 힘으로 좋은 운명을 얻으려 함.

자복 웅비(雌伏雄飛)

암컷이 수컷을 따르고 복종하는 것. 곧 사람을 붙좇거나 세상에서 물러가 숨는 뜻. 곧, 씩씩하게 날아 올라, 힘차게 활약하는 뜻.

자승 자박(自繩自縛)

자기 새끼로 자기를 묶음. 자기의 마음씨나 언동에 따라, 자기가 움직일 수 없게 되어 괴로워함. 出典 景德傳燈錄

자업 자득(自業自得)

자기가 한 악한 일에 대한 보복을 자기의 몸에 받음. 불교에서, 자기가 지은 죄에 대한 벌은 결국 자기에게 돌아옴을 이름. 同 자승 자박(自繩自縛). 인과 응보(因果應報). 出典 正法念經

자연 도태(自然淘汰)

생물은 생존 경쟁의 결과, 조금이라도 우수한 형질을 가진 것이 적자 생존하여 자손을 남기고, 열등한 자는 없어짐. 영국의 박물학자 다윈이 진화론에서 처음 쓴 말.

자연 오도(自然悟道)

다른 가르침에 따르지 않고, 스스로 미혹을 열어, 진리를 깨달음.

자유 분방(自由奔放)

제멋대로임.

자유 자재(自由自在)

　어떤 범위내에서 자기의 뜻대로 모든 것이 자유롭고 거침이 없음. 멋대로 함.

자유 활달(自由闊達)

　마음이 넓고 자유로워, 사물에 구애되지 않는 모양. 남의 언동을 받아들이려 하는 마음의 준비가 있어, 인간성이 크고, 의지할 만한 모양. 出典 後漢書 五行志一

자자 손손(子子孫孫)

　자손의 끝의 끝. 대대. 자손이 한없이 이어지는 뜻. 出典 書經 梓材

자전 일섬(紫電一閃)

　잘 간 긴 칼을 한 번 휘두를 적에 일어나는 날카로운 빛. 곧 사태가 몹시 급함을 이름.

자주 독립(自主獨立)

　남의 간섭을 받거나 의지하지 않고 제힘으로 일을 처리함.

자포 자기(自暴自棄)

　사물이 뜻대로 아니 되므로, 될 대로 되라고 운명에 맡기고 자기를 포기함. 出典 孟子 離婁上

자화 자찬(自畫自讚)

　자기가 그린 그림에 자기가 찬(讚)을 씀. 찬(讚)은 그림에 써 넣는 시나 글, 또는 칭찬하는 말.

작비 금시(昨非今是)

　어저께는 나쁘다고 생각한 것이, 오늘은 좋다고 생각됨. 同 금시 작비(今是昨非). 出典 陶潛〈歸去來辭〉

작자 과보(杓子果報)

　음식을 많이 나누어 받음. 맛있는 음식을 대접 받는 좋은 운수.

작자 정규(杓子定規)

　옛날 국자의 자루는 몹시 구부러져서 자로 쓸 수 없는데도 억지로 자로 썼다는 데서, 정해진 단 하나의 형식·기준·규칙 따위에 얽매어서, 응용이나 융통할 수 없음의 비유.

잔념 무념(殘念無念)

　마음이 뒤에 남거나, 만족하지 않는 상태에 있어, 분한 것. 무념은 불교어. 出典 白居易〈無念〉

잔인 무도(殘忍無道)

　인정이 없고 도리를 벗어남. 同 잔혹 비도(殘酷非道).

장경 오훼(長頸烏喙)

　목이 길고 입이 뾰족한 생김새. 이런 인상을 가진 사람은 끈기 있고 괴로움을 함께 할 수

는 있으나, 시기심이 강해서 안락은 함께 할 수 없는 상태를 이름. 出典 史記 越王勾踐世家

장두 노미(藏頭露尾)
　머리를 감추고 숨은 줄로 알지만, 꼬리가 나와 있는 상태. 出典 元曲選 桃花女

장목 비이(長目飛耳)
　옛일이나 먼 곳의 일을 앉은 채로 보고 들을 수 있는 눈이나 귀의 뜻으로, 곧 서적을 이름. 또 사물을 날카롭게 관찰하고 널리 정보를 모아, 잘 알고 있음. 同 비이 장목(飛耳長目). 出典 管子 九守

장삼 이사(張三李四)
　중국에 많은 성인 장씨의 셋째 아들과, 이씨의 넷째 아들이라는 뜻에서, 주위에 얼마든지 있는 흔한 인물을 이름. 신분도 낮고 이름도 없는 평범한 사람. 出典 傳燈錄

장설 삼촌(長舌三寸)
　앞에서는 알랑거리면서, 그 사람이 없는 데서는 혀를 내밀고 웃음.

장수 선무(長袖善舞)
　긴 소매는 춤을 잘 춤. 곧 같은 춤을 추어도 소매가 긴 옷을 입고 추면 돋보임. 재물이 넉넉하면 성공하기 쉽다는 말.

장신 수구(長身瘦軀)
　키가 크고 마른 몸. 호리호리한 몸매.

장언 대어(壯言大語)
　의기 양양해서 큰소리 침. 同 대언 장어(大言壯語).

장자 삼대(長者三代)
　아버지가 고생해서 재산을 만들고, 그것을 보고 자란 아들인 2대는 그것을 잘 지키지만, 3대인 손자는 생활이 사치하여, 마침내 할아버지와 아버지가 이룩한 가산을 탕진하는 예가 많다는 데서, 삼대를 가기가 어려움을 이름.

장정 곡포(長汀曲浦)
　긴 물가와 구불구불한 바닷가. 해안이 구불구불하여 멀리까지 계속되는 것.

장중지주(掌中之珠)
　손에 쥐고 있는 구슬로, 자기가 가진 것 중에서 가장 소중한 것. 가장 사랑하는 아내의 비유. 出典 傅玄〈短家行〉

재계 목욕(齋戒沐浴)
　신불(神佛)에 제사를 행하기 전에 몸과 마음을 깨끗이 하기 위해 음식이나 행동을 삼가고 몸을 깨끗이 씻음을 이름. 同 목욕 재계(沐浴齋戒). 出典 孟子 離婁下

재기 환발(才氣煥發)

　머리가 잘 돌아 날카롭고, 재능이 빛남. 재주와 슬기가 불 일어나듯이 나타남을 이름. 出典 史記 項羽本記

재삼 재사(再三再四)

　서너 번, 즉 여러 번의 뜻. 出典 史記 項羽本記

재색 겸비(才色兼備)

　여성이 뛰어난 재능과 미모를 타고남. 出典 後漢書

재자 가인(才子佳人)

　재주있는 젊은 남자와 아름다운 여자.

재자 다병(才子多病)

　재능이 있는 사람은, 병이 잦음. 出典 雪中梅 序

저돌 맹진(猪突猛進)

　하나의 목표를 향하여 앞뒤 가리지 않고 맹렬한 기세로 거침없이 곧장 나아감.

저돌 희용(猪突豨勇)

　앞뒤 가리지 않고 나아가는 용기. 또 그와 같이 행동하는 용사. 出典 漢書 王莽傳

저두 평신(低頭平身)

　머리를 숙이고 몸을 움츠리고 사과함. 또 몹시 황송해 하는 모습.

적광 정토(寂光淨土)

　부처가 사는 곳. 중생이 해탈해서, 구극의 깨달음에 이른 경계. 寂은 진리의 적정(寂靜), 光은 진지(眞知)의 광조(光照). 出典 淨名經疏

적멸 위락(寂滅爲樂)

　번뇌의 경지를 벗어나, 열반의 경지에 이르러 비로소 참된 안락을 얻을 수가 있음. 出典 涅槃經

적소 성대(積小成大)

　작은 것을 쌓아서 큰 것을 이룸.

적우 침주(積羽沈舟)

　새털처럼 가벼운 것도, 많이 실으면 무거워서 배가 가라앉는다는 데서, 작은 일도 쌓이고 쌓이면 큰 일이 됨의 비유. 또 작은 것, 힘없는 것은 많이 모이면, 큰 힘이 됨의 비유. 出典 戰國策 魏策

적자 생존(適者生存)

　생존 경쟁에서 외계의 상태에 가장 적응한 것이 살아 남음을 이름. 영국의 철학자 스펜서가 제창했다. "적자 생존의 세상에서 그런 불평 불만을 늘어놓다가는 뒤처지고 만다."

적재 적소(適材適所)

　어떤 일에 적당한 재능을 가

진 자에게 적합한 지위·임무를 맡김.

전광 석화(電光石火)

電光은 번개·우레, 石火는 극히 짧은 시간. 대단히 짧은 시간, 또는 동작이나 행동이 재빠르고 날램의 비유. 出典 碧巖錄

전대 미문(前代未聞)

여태까지 한 번도 들은 적이 없는 새로운 일.

전도 다난(前途多難)

앞길이나 앞날에, 많은 어려움이나 재난이 있음.

전도 양양(前途洋洋)

앞길이나 앞날이, 크게 열리어 희망을 가질 수 있음.

전도 요원(前途遙遠)

목적지까지 이르기에는 아직도 길이 멂. 또 앞으로의 시간이 연하여 긴 상태.

전부 야인(田夫野人)

농부와 시골 사람처럼 촌스럽고 품위가 없는 사람. 곧 교양이 없는 사람을 가리킴.

전원 시인(田園詩人)

도회의 소란함을 싫어하여 소박한 전원의 풍물을 제재로 한 전원의 정서·자연의 아름다움을 노래하는 시인.

전인 미도(前人未到)

지금까지 아무도 손을 댄 일이 없음. 여태까지 한 번도 발을 디딘 일이 없음. 同 전인 미답(前人未踏).

전전 공공(戰戰恐恐)

몹시 두려워 떠는 모양. 벌벌 떪.

전전 긍긍(戰戰兢兢)

전전은 몹시 두려워 삼가고, 겁을 내고 벌벌 떠는 모습. 긍긍은 조심해 몸을 움츠리는 모습으로, 즉 어떤 위기감에 절박해진 심정을 형용하는 경우에 쓰임. 出典 詩經 小雅 小旻篇

전전 반측(輾轉反側)

걱정거리로 마음을 괴롭혀 잠을 이루지 못함. 또 잠자지 못하고 몇 번이나 뒤척임. 본래는 미인을 사모하여 잠자지 못하고 있음을 형용. 出典 詩經 周南 關雎篇

전지 전능(全知全能)

완전 무결한 지능. 무엇이든지 이해하고, 모든 일을 행할 수 있는 신(神)의 능력.

전화 위복(轉禍爲福)

몸에 내리 덮인 재앙을 용케

바꾸어 복이 되게 처리함. 出典
史記 蘇秦傳

전후 불각(前後不覺)
　앞뒤를 구별할 수 없을 정도
로 정체(正體)를 잃은 상태. 정
상적으로 판단할 수 없게 되는
상태.

절차 탁마(切磋琢磨)
　옥·돌 따위를 갈고 깎는 것
과 같이 학문과 덕행을 힘써 닦
음. 出典 詩經 衛風 淇奧篇

절체 절명(絶體絶命)
　아무리 해도 피할 수 없는 경
우, 처지에 있음. 類 진퇴 양난
(進退兩難). 진퇴 유곡(進退維
谷).

절치 액완(切齒扼腕)
　이를 갈고, 자기의 팔을 걷어
올리고 주먹을 꽉 쥔다는 뜻에
서 매우 분해하는 모습. 出典 史
記 呂不韋傳

절함 간언(折檻諫言)
　신하가 임금을 충고함. 손윗
사람에게 충고하는 것. 한나라
효성(孝成) 임금의 신하 주운
(朱雲)이 난간에 매달려 간하여
난간이 부러졌다는 고사. 出典
漢書

점입 가경(漸入佳境)
　문장·화제·사건 또는 경치

따위가 점점 흥미있고 재미있는
것.

점적 천석(點滴穿石)
　적은 힘이라도 그것이 거듭되
면 예상하지 못했던 큰 일을 해
낸다는 것. 出典 杜牧〈夜雨〉

정당 방위(正當防衛)
　급박한 부정(不正) 침해에 대
하여, 이를 막기 위하여 부득이
행하는 가해 행위. 형법상으로
는 위법이 아니라 하여 범죄가
되지 않고, 민법상으로도 불법
행위로서의 손해 배상 책임이
없음.

정려 각근(精勵恪勤)
　삼가 게으르지 않고 일에 힘
씀.

정력 절륜(精力絶倫)
　정력이 지칠 줄을 모를 만큼
남보다 셈.

정문 일침(頂門一鍼)
　정수리에 바늘을 꽂듯이, 상
대방의 급소를 누르고 간절히
충고함. 아픈 데를 찌른 교훈을
이름.

정상 작량(情狀酌量)
　형사 재판에서 재판관이 판결
을 내릴 때, 범죄의 사정에 불
쌍히 여길 점을 짐작하여, 형벌
을 경감함을 이름.

정서 전면(情緒纏綿)

마음이 깊게 얽히어 감겨 떨어지기 어려움. 곧 헤어지기 어려운 남녀의 정.

정신 일도(精神一到)

精神一到何事不成이라 함. 정신을 집중하여 일을 하면, 어떠한 어려운 일이라도 못할 것이 없음을 이름. 出典 朱子語類

정신 통일(精神統一)

무슨 목적을 이루려 할 때, 마음의 작용을 하나로 집중시키는 것. 出典 莊子 刻意

정와지견(井蛙之見)

좁은 견식. 우물 안 개구리에게 바다를 이야기해도 모름. 出典 莊子 秋水篇

정의 투합(情意投合)

양자 사이에, 서로 생각이나 감정이 통하여 일치하는 것. 出典 道德指歸論, 文選

정정 당당(正正堂堂)

군대의 진용이 정돈되고 기세가 성한 모양. 곧 비겁한 짓을 하지 않고, 훌륭한 모양. 出典 孫子 軍爭

정중지와(井中之蛙)

우물 안의 개구리란 말로, 소견이 좁아 하나밖에 모르는 사람을 일컬음. 出典 莊子 秋水篇

정진 정명(正眞正銘)

속임수나 거짓이 전연 없는 진짜 진실임. 순수하여 불순물이 없는 상태.

정토 회향(淨土回向)

젊어서는 다른 일을 하다가 늙은 뒤에 염불을 하는 일.

제동 야인(齊東野人)

중국, 제(齊)나라의 동쪽에 사는 사람은 어리석어서 그 언동은 믿을 것이 못 된다 하여, 의(義)를 분별하지 않는 시골 사람을 이름. 사람을 업신여겨 하는 말. 出典 孟子 萬章

제법 실상(諸法實相)

이 세상에 존재하는 모든 사물의, 있는 그대로의 진실의 모습.

제설 분분(諸說紛紛)

여러 가지 의견이 뒤섞여 혼란한 상태.

제자 패소(齊紫敗素)

거칠고 나쁜 물건이라도 자줏빛 물만 들이면, 값은 열 곱으로 뛴다는 데서, 어진 자가 풍부한 지식을 가지고 재난을 복으로 돌리고, 실패를 성공으로 이끌음의 비유. 齊紫는 제나라에서 나는 자색 천. 敗素는 거칠고 나쁜 흰 비단, 제자는 이 흰 천에다 물을 들인 것. 出典

戰國策 燕策

제포 연련(綈袍戀戀)

우정이 도타운 것. 옛친구를 그리워하는 정이 간절함을 이름. 제포는 두꺼운 명주로 만든 솜옷. 진나라 재상 범수(范雎)가 가난할 때 친구가 준 솜옷을 고맙게 여겨 그 친구를 잊지 않았다는 고사.

제하 단전(臍下丹田)

배꼽부터 세 치(약 9센티미터) 아래. 여기에 힘을 모으면, 건강을 유지하고, 용기가 생긴다. 곧 사물에 동하지 않음. 침착하게 배짱을 가짐을 이름.

제행 무상(諸行無常)

불교의 근본 원리의 하나로, 이 세상에 있는 모든 것은 끊임없이 변하여, 영구 불변한 것은 없음을 이름. 出典 涅槃經

조강지처(糟糠之妻)

지게미와 쌀겨로 끼니를 이어가며 고생을 같이해 온 아내. 곧 본처를 이름. 가난하던 때부터·고생해 온 아내. 자기가 입신 출세했다고 해서, 버려서는 안 됨. '조강'은 술 지게미로 거친 식사. 出典 後漢書 宋弘傳

조개 모락(朝開暮落)

아침에 핀 꽃이 저녁에는 이미 꽃잎을 흩뜨린다는 뜻에서, 사람의 목숨이 덧없음의 비유. 類 조영 모락(朝榮暮落).

조개 모변(朝改暮變)

아침에 고친 것을 저녁에 또 고침. 同 조령 모개(朝令暮改).

조령 모개(朝令暮改)

아침에 명령을 내렸다가 저녁에 고친다는 뜻으로, 법률이나 명령이 빈번히 바뀌어 일정하지 않음. 同 조개 모변(朝改暮變). 出典 漢書 食貨志

조망 절가(眺望絶佳)

전망이 기막히게 좋은 비유. 절경.

조명 시리(朝名市利)

명예를 다투는 것은 조정에서, 이득을 다투는 것은 시장에서라는 뜻으로, 무슨 일이든 그것에 적합한 장소에서 다투어야 함. 出典 戰國策 秦策

조삼 모사(朝三暮四)

눈앞의 차이에만 구애되어, 전체로 보면 결과는 같다는 것을 깨닫지 못함의 비유. 또 교활한 수단으로 남을 속임의 비유. 옛날 저공(狙公)이, 기르던 원숭이에게 상수리 열매를 내주는데, 아침에 세 개, 저녁에 네 개씩 주겠다고 하니, 원숭이가 성을 벌컥 내며 못마땅해 하므로, 그러면 아침에 네 개, 저녁

에 세 개씩 주면 되겠느냐고 하
니까, 기뻐했다는 우화에서 나
온 말. 出典 列子 黃帝篇

조선 숭배(祖先崇拜)
　어느 혈통·가계를 대대로 이
어받아 온 선대 이전의 사람들
을 공경하고 우러러 받듦. 出典
魏志, 南齊書

조심 누골(彫心鏤骨)
　마음에 파 넣고 뼈에 새긴다
는 뜻에서, 몹시 고생함. 또 애
써서 시문(詩文) 따위를 지어
냄.

조아지사(爪牙之士)
　새나 짐승이 자기의 몸을 보
호하는 무기인 발톱과 어금니.
곧 국가를 다스리는 데 도움이
되는 신하.

조운 모우(朝雲暮雨)
　남녀의 언약이 굳은 것. 중국
초(楚)나라 회왕(懷王)이 고당
(高唐)에서 놀고, 꿈에 신녀(神
女)와 언약한 것을 노래한 송옥
(宋玉)의 시에 나온 말. 出典 宋
玉〈高唐賦〉

조의 조식(粗衣粗食)
　너절한 옷과 검소한 음식. 간
소한 생활. 同 악의 악식(惡衣惡
食). 反 호의 호식(好衣好食).

조장 발묘(助長拔苗)

빨리 성과를 보려고 무리하게
다른 힘을 더하여, 도리어 그것
을 해하는 것. 발묘는 송나라
농부가 모를 잡아당겨 말렸다는
고사. 出典 孟子

조제 남조(粗製濫造)
　조잡한 방법으로 물품을 함부
로 많이 만들어 냄.

조차 전패(造次顚沛)
　군자는 바쁘거나 발이 걸려
넘어질 경우에도 인(仁)에서 벗
어나지 않는다는 데서, 짧은 시
간, 잠깐 사이. 또 한 시도 태만
하지 않고 힘쓰는 상태. 出典 論
語 里仁篇

조헌 문란(朝憲紊亂)
　합법적인 수단에 의하지 않
고, 정부의 전복 등, 국가 존립
의 기본적 조직을 파괴함. 폭력
혁명을 이름.

종도 횡말(縱塗橫抹)
　썼다 지웠다 함.

종시 일관(終始一貫)
　처음부터 끝까지, 주의 주장
이나 태도, 행동 따위를 바꾸지
않고 밀고 나아감. 同 시종 일관
(始終一貫).

종종 잡다(種種雜多)
　여러 가지 것이 많이 뒤섞인
모양.

종횡 무진(縱橫無盡)

사방 팔방으로 한이 없음. 자유 자재임.

좌고 우면(左顧右眄)

좌우를 돌아봄. 곧 이쪽 저쪽 둘러봄. 同 좌면 우고(左眄右顧)

좌보 우필(左輔右弼)

제왕이나 군주를 보좌하는 좌우의 신하. 보필지신(輔弼之臣). 또 전장에서 좌우의 적에 대비하여, 좌우 양쪽에 진을 침을 이름. 出典 吳志 孫登傳

좌우지명(座右之銘)

항상 자리 옆에 가까이 갖추어 놓고, 일상의 경계로 삼는 말이나 글.

주객 전도(主客顚倒)

주인과 손님의 처지를 뒤바꾼다는 뜻에서, 사물의 순서, 경중 따위가 거꾸로 됨을 이름.

주낭 반대(酒囊飯袋)

술과 밥을 넣는 포대. 곧 음식을 먹을 뿐 아무 구실을 하지 못하는 사람의 비유. 出典 通俗編

주마 가편(走馬加鞭)

닫는 말에 채찍질을 더 함. 곧, 정진하는 사람을 한층 권장함.

주마 간산(走馬看山)

바쁘고 어수선하여 되는대로 휙휙 지나쳐 봄.

주순 호치(朱脣皓齒)

→단순 호치(丹脣皓齒).

주야 겸행(晝夜兼行)

낮과 밤을 가리지 않고 길을 바삐 감. 곧 낮에도 밤에도 일을 함.

주장 낭패(周章狼狽)

매우 당황하여 어찌할 바를 모름.

주중 적국(舟中敵國)

군주가 덕을 닦고 있지 않으면, 함께 같은 배를 타고 있는 것과 같은 이해가 공통하는 사람들이라도, 적이 되는 수가 있음을 이름. 자기편이라도 갑자기 적이 될 수 있음의 비유. 出典 史記 吳起傳

주지 육림(酒池肉林)

술이나 고기가 풍부하여 호화로운 연회를 이름. 은(殷)나라의 주왕(紂王)은 음락을 멋대로 하여 폭군으로서 이름이 높은데, 언젠가 술을 부어서 못을 이루고, 고기를 나무에 걸어서 숲을 이루고, 그 사이를 발가벗은 남녀에게 숨바꼭질을 시켜 여러 날에 걸쳐 놀이를 했다는 옛일. 出典 史記 殷本紀

죽두 목설(竹頭木屑)

중국, 진(晉)나라의 도간(陶侃)이 배를 만들었을 때, 대나무 톱밥을 버리지 않고 두었다가, 설날 조하(朝賀) 때, 눈이 내려 질척거리는 길바닥에 뿌렸다. 또 환온(桓溫)이 군사를 일으켰을 때, 대쪽으로 못을 만들어 배를 고쳐서 요긴하게 썼다는 옛일로 쓸모 없다고 생각한 것도 소홀히 하지 않음의 비유. 出典 晉書 陶侃傳

죽림 칠현(竹林七賢)

중국의 진(晉)나라 때에, 속세를 피하여 대숲에 모여, 술을 마시고, 거문고를 뜯으며 많은 이야기를 나누었다는 일곱 명. 완적·혜강·산도·상수·유령·완함·왕융을 이름. 出典 晉書 嵇康傳

죽마지우(竹馬之友)

어릴 때 대말을 타고 놀던 친한 친구. 어릴 적 친구. 出典 晉書 殷浩傳

준양 시회(遵養時晦)

도(道)를 좇아 뜻을 기르고, 시세에 따라서는 어리석은 체하고 언행을 얼버무림. 出典 詩經 周頌 酌

준조 절충(樽俎折衝)

술이나 요리를 늘어놓은 연회의 자리에서 담소하면서 교섭을 진행하여, 상대방의 기세를 따라 유리하게 교섭함. 또 외교 교섭에서 국위(國威)를 빛냄. 出典 晏子春秋

중과 부적(衆寡不敵)

적은 인원으로 많은 인원을 대적하지 못함.

중구 난방(衆口難防)

여러 사람의 입을 막기 어려움. 곧 많은 사람들이 함부로 떠들어대는 것은 감당하기 어려우니, 행동을 조심해야 함을 이름. 出典 十八史略

중구 삭금(衆口鑠金)

여러 사람이 입을 모아 말하면, 쇠도 녹일 수 있음. 곧 남을 헐뜯는 말이 무서움을 이름.

중도 반단(中途半端)

사물이 완성되지 않은 상태. 이것도 저것도 아니게 철저하지 않음을 이름.

중류 지주(中流砥柱)

지주는 황하 물 속에 있는 기둥 모양의 돌로 지석(숫돌)처럼 매끄러워서, 매우 세찬 흐름 속에서도 끄떡 않고 서 있다. 난세(亂世)에 처신하는데 의연하게 절의(節義)를 지킴의 비유. 出典 丁鶴年〈自詠〉

중생 제도(衆生濟度)

부처나 보살이, 중생(온갖 산 것)을 미혹의 세계에서 구제하여 깨달음을 얻게 함.

중원지록(中原之鹿)
　천자(天子)의 지위의 비유. 곧 많은 사람이 서로 앞을 다투어 얻으려고 하는 것. 出典 晉書 石勒載記

중원 축록(中原逐鹿)
　중원의 사슴을 쫓음. 中原은 천하의 중심되는 땅. 황하 유역의 평원 지대를 가리킴. 鹿은 천자(天子)의 지위·제왕의 자리를 차지하려고 다툼. 곧 서로 경쟁하여 어떤 지위나 목적물 따위를 얻으려 함. 出典 魏徵〈述懷〉

중육 중배(中肉中背)
　마르지도 살찌지도 않은 알맞은 살집으로 크지도 작지도 않은 키. 몸매가 좋음.

중의 일결(衆議一決)
　많은 사람의 의론과 협의에 의해 의견이 일치하여 결정함.

중인 환시(衆人環視)
　뭇사람이 다같이 보고 있음. 同 중목 소시(衆目所視).

즉결 즉단(卽決卽斷)
　그 자리에서 빨리 결정하거나 결단을 내림.

즉신 성불(卽身成佛)
　도(道)를 깨달으면 육체로 있는 채로 곧 부처가 됨. 곧, 현세의 그 몸이 부처가 되는 일.

즉심 시불(卽心是佛)
　도(道)를 깨달으면 내 마음이 곧 부처이고 그 마음 밖에는 부처가 없다는 말. 중생의 마음이 곧 부처임.

즐풍 목우(櫛風沐雨)
　바람에 머리를 빗고, 비에 몸을 씻는다는 뜻에서, 긴 세월을 이리저리 떠돌아다니며 몹시 고생함의 비유. 出典 莊子 天下篇

증거 역연(證據歷然)
　사실을 증명하는 재료가 갖추어져, 확실한 모양. 증거에는 인적 증거·물적 증거·상황 증거 등이 있어, 그것들이 확실할 때 확실한 증거라 함. 出典 後漢書

지관 타좌(只管打坐)
　선종에서, 오로지 좌선을 함.

지독지애(舐犢之愛)
　부모가 자식을 지나치게 사랑함. 자식을 귀여워하는 나머지 엄하게 가르치지 않아, 앞길을 그르침의 비유.

지란지화(芝蘭之化)
　좋은 친구와 사귀는 데 있어, 자연히 그 아름다운 덕에 감화

됨을 이름. 出典 孔子家語

지록 위마(指鹿爲馬)

사슴을 가리켜 말이라고 우긴
다는 뜻으로 위압으로 남을 짓
눌러 바보로 만들거나 그릇된
일을 가지고 속여서 남을 곤경
에 빠뜨리는 것을 의미함. 出典
史記 秦始皇紀

지리 멸렬(支離滅裂)

통일이 없고 조리가 안 서서
뒤죽박죽이라 갈피를 잡을 수
없게 됨.

지심 신락(至心信樂)

더할 수 없이 충실하게 아미
타의 구제를 믿고, 즐기고 있음.

지어지앙(池魚之殃)

뜻밖의 재난에 휩쓸려 들어,
몹시 고생함의 비유. 出典 呂氏
春秋

지엽 말절(枝葉末節)

중요하지 않은 사항. 하찮은
자질구레한 부분.

지용 겸비(智勇兼備)

지혜와 용기를 다 가지고 있
는 것. 재색 겸비(才色兼備)는
여성을 말함. 出典 史記

지의 준순(遲疑逡巡)

의심하고 망설여, 우물쭈물하
여 결단을 내려 행하지 않음.

지조 견고(志操堅固)

뜻을 굳게 지켜 바꾸지 않음.

지족 안분(知足安分)

족한 줄을 알아 자기의 분수
에 만족함.

지척 천리(咫尺千里)

생각하기에 따라서는 짧은 거
리도 천리처럼 멀게 느껴짐의
비유. 거리가 가까움.

지행 합일(知行合一)

인간의 知(인식)는 行(행위·
실천)의 일부로 그것을 둘로 나
눌 수는 없다는 양명학(陽明學)
의 학설. 知를 중히 여기는 주
자학(朱子學)에 대하여, 知를
사물의 위에 놓지 않고, 도덕적
실천이나 체험에 의한 지식의
확인을 중시했음.

직정 경행(直情徑行)

감정을 숨기지 않고 자기의
생각대로 행동하고, 상대방의
생각은 아랑곳하지 않음. 出典
禮記 檀弓篇

진미 가효(珍味佳肴)

맛있는 음식과 좋은 안주. 흔
치 않은 맛있는 음식.

진미래제(盡未來際)

영원한 미래. 시간이 계속되
는 한. 미래의 끝을 다하는 뜻.
出典 心地觀經

진사 중요(珍事中天)

뜻밖에 닥친 재난(災難). 뜻밖의 진기(珍奇)한 일. 中天는 재난.

진수 성찬(珍羞盛饌)

진귀하고 풍성한 반찬. 곧 많이 차린 좋은 음식.

진승 오광(陳勝吳廣)

진승은 진(秦)나라 말의 무장(武將), 진승과 오광은 진나라를 배반하고 맨 먼저 군사를 일으켰다. 그것을 보고 군사를 일으키는 자가 뒤를 이어 진나라는 멸망했다. 그래서, 사물에 앞장서는 자, 맨 먼저 주창하는 자를 이름.

진천 동지(震天動地)

천지를 흔들어 움직인다는 뜻에서, 위세, 음향 따위가 성함의 비유. 同 경천 동지(驚天動地).

진퇴 양난(進退兩難)

앞으로 나갈 수도 뒤로 후퇴할 수도 없는 어려움에 처함.

진퇴 유곡(進退維谷)

나갈 수도 없고 물러갈 수도 없음. 곧 이럴 수도 없고 저럴 수도 없는 처지를 이름. 出典 詩 經 大雅 桑柔篇

질언 거색(疾言遽色)

말이 빠르고, 보기 흉한 표정을 지음. 곧 침착하지 않은 상태. 出典 後漢書 劉寬傳

질타 격려(叱咤激勵)

큰소리로 꾸짖기도 하고 격려도 하여 분발하게 함.

질풍 경초(疾風勁草)

센바람이 불어와야, 꺾어지지 않는 강한 풀을 가려낼 수 있다는 데서, 고난이나 사변을 만나야, 그 사람의 의지나 절조가 굳음을 알 수 있다는 비유. 역경을 통해야 비로소 그 사람의 진가(眞價)를 알 수 있음. 出典 後漢書 王霸傳

질풍 노도(疾風怒濤)

계몽주의에 반대하여 자연·감정·천재(天才)를 중히 여겼음. 센바람과 소용돌이치는 파도.

질풍 신뢰(疾風迅雷)

행동이 날쌔고 과격함의 비유. 또 사태가 급변함을 이름. 同 질풍 노도(疾風怒濤). 出典 禮記 玉藻篇

차청 입실(借廳入室)

남에게 의지했다가 차차 그의 권리까지 침범함. 곧 신세를 지고 있던 사람이 주인보다 더 나아짐의 비유.

차호 위호(借虎威狐)

호랑이의 위엄을 가장한 여우. 곧 권세가 있는 사람을 배경삼아 뽐내고 행세함의 비유.

참신 기발(斬新奇拔)

취향이 매우 새로워, 생각지도 못할 만큼 색다름.

창상지변(滄桑之變)

뽕밭이 바다로 변하고, 큰 바다가 말라서 뽕밭이 되는 것과 같이, 세상 정세의 아찔할 만한 변동을 이름. 同 상전 벽해(桑田碧海).

창업 수성(創業守成)

새로 사업을 벌이기도 어렵지마는 그 사업을 일으켜 유지하기는 더 어려움. 당(唐)나라 태종(太宗)이 신하에게 창업과 수성과는 어느 쪽이 어려우냐고 물은 데 대해, 공신인 위징(魏徵)이 대답한 말. 出典 唐書 房玄齡傳

창해 상전(滄海桑田)

바다가 뽕밭이 된다는 뜻으로, 예측하기 어려울 만큼 세상의 변함이 심함의 비유. 同 상전 창해(桑田滄海). 상전 벽해(桑田碧海). 창상지변(滄桑之變). 出典 葛洪〈神仙傳〉

창해 유주(滄海遺珠)

큰 바다에 남아 있는 진주. 곧 세상에 알려지지 않은 훌륭한 인물의 비유. 出典 唐書 狄仁傑傳

창해 일속(滄海一粟)

큰 바다에 떠 있는 한 톨의 조. 넓고 큰 것 속의 극히 작은 것. 광대한 하늘과 땅 사이에 있는 덧없는 인간의 존재의 비유. 出典 蘇軾〈前赤壁賦〉

채과 급수(採菓汲水)

나무 열매를 따고 물을 길음. 불도의 수행의 난행·고행의 비유.

채미지가(采薇之歌)

백이와 숙제가 수양산으로 들

어가 고사리를 캐어 먹고 살다가 그나마 주나라 땅에서 나는 것이라 하여 먹지 않고 굶어 죽기 직전에 지은 시.

채장 보단(採長補短)
　장점을 받아들이고, 단점을 보완함.

척과 만거(擲果滿車)
　여성이 남성에게 사랑을 고백하는 것. 과일을 던져 넣어 수레에 가득함. 옛날 중국 여성이 남성에게 과일을 선물하여 사랑을 고백하는 풍습이 있었음.

척산 촌수(尺山寸水)
　높은 곳에서 내려다보았을 때의 땅 위의 경치. 높은 산도 한 자 높이가 되고, 큰 강도 한 치 폭으로밖에 보이지 않는다는 것.

천객 만래(千客萬來)
　많은 손님이 번갈아 와서 끊이지 않음.

천고 마비(天高馬肥)
　하늘은 높고 말은 살찐다는 뜻으로, 가을이 좋은 계절임을 나타낼 때 흔히 쓰이는 말임. 出典 杜審言〈五言排律〉

천고 불역(千古不易)
　오래 걸쳐서 변화하지 않음. 영구히 변하지 않음. 同 만대 불역(萬代不易).

천공 해활(天空海闊)
　하늘과 바다가 끝없이 넓다는 데서, 마음이 넓고 큼을 이름. 도량이 커서 아무런 불만이 없음. 出典 古今詩話

천구 일언(千句一言)
　천 마디 말에 맞먹을 한 마디. 천 마디에 해당하는 중요한 한 마디.

천군 만마(千軍萬馬)
　많은 병사와 많은 군마. 대군. 또 격심한 전쟁. 곧 경험이 많아 익숙한 것.

천려 일실(千慮一失)
　천 번의 생각에 한 번의 실수란 뜻으로, 지혜로운 사람도, 많은 생각 중에는 하나나 둘쯤 잘못이나 실패가 있다. 충분히 생각해도 설마한 뜻밖의 실패를 범함을 이름. 反 천려 일득(千慮一得). 出典 史記 淮陰侯傳

천리 동풍(千里同風)
　천 리나 떨어진 곳에도 같은 바람이 불고 있다는 뜻으로, 천하가 통일되어 평화함의 비유. 또 어디를 가든지 풍속이 조금도 다르지 않음의 비유. 出典 蘇軾 詩

천리 일도(千里一跳)
　큰 새가 단번에 천 리를 난다. 대번에 멀리까지 날아감. 곧 먼 길을 짧은 시간에 감을 이름. 갑자기 성공함의 비유.

천마 행공(天馬行空)
아무것에도 구애되지 않고, 자유로이 착상하고, 수완을 발휘하는 모양. 날개가 있어 하늘을 나는 말이 자유 자재로 달리는 뜻. 出典 史記

천만 무량(千萬無量)
헤아릴 수 없을 만큼 수나 양이 많음.

천망 회회(天網恢恢)
하늘이 친 그물은 대단히 크고 눈도 성긴 것 같지만, 악인을 놓치지 않고 모조리 잡음. 하늘은 결코 악인 악사를 놓치지 않음을 이름. 出典 老子 第73章

천벌 적면(天罰覿面)
나쁜 짓을 해서 그 자리에서 천벌을 받음. 나쁜 짓을 한 보복으로 즉각 재난을 당함.

천변 만화(千變萬化)
장면, 사태, 모양 따위가 여러 가지로 변화해 감. 出典 列子 周穆王

천변 지이(天變地異)
하늘과 땅 사이의 이변(異變). 천변은 하늘에 일어나는 변화로, 일식·월식·우레 따위의 현상. 지이는 지상에 일어나는 지진·홍수·사태 따위의 이변. 흉조(凶兆) 또는 서조(瑞兆)라고 생각했음.

천사 만고(千思萬考)
여러 번 생각함. 또는, 그 생각. 여러 가지로 마음을 씀. 同 천사 만려(天思萬慮).

천서 만단(千緖萬端)
일일이 가려낼 수 없을 만한 많은 일의 갈피. 또 사물, 모양, 상태 따위가 가지가지임을 이름. 出典 晉書 陶侃傳

천신 만고(千辛萬苦)
가지가지 고통스럽고 괴로운 일을 당함. 몹시 고생함.

천신 지기(天神地祇)
하늘의 신과 땅의 신. 모든 신들. 神은 하늘에, 祇는 땅에 있는 신.

천애 고독(天涯孤獨)
멀리 떨어진 낯선 고장에서 나만 혼자 쓸쓸히 지냄. 또 의지할 곳이 없음.

천애 비린(天涯比隣)
멀리 떨어져 있어도, 마음은 이웃에 있는 것 같은 정다운 마음.

천양 무궁(天壤無窮)

하늘과 땅과 함께 영원히 계속되어 다함이 없음. 끝없이 영원히 계속됨. 同천지 장구(天地長久).

천위 지척(天威咫尺)
　천자(天子), 곧 천하를 다스리는 이를 곁에 가까이 모심. 出典 春秋左氏傳 僖公 九年

천의 무봉(天衣無縫)
　선녀의 옷에는 꿰맨 자리가 없다는 데서, 성격이나 언어·행동이 매우 자연스러워 조금도 꾸민 데가 없음. 또 시나 문장이 기교의 흔적이 없이 극히 자연스러워 조금도 꾸민 티가 없음을 비유. 同천진 난만(天眞爛漫). 出典 靈怪錄

천자 만태(千姿萬態)
　울긋불긋한 여러 가지 다른 자세나 모양. 여러 가지 모습.

천자 만홍(千紫萬紅)
　울긋불긋한 여러 가지 빛깔의 꽃. 또 색색의 꽃이 피어 있는 상태.

천작 저창(淺酌低唱)
　조용히 알맞게 술을 마시면서, 낮은 목소리로 노래를 부르며 즐김. 또 그와 같은 작은 잔치.

천장 지구(天長地久)
　하늘과 땅이 오래도록 변하지

않듯이, 사물이 오래오래 계속되는 것. 하늘과 땅은 영구히 변함이 없음. 同천양 무궁(天壤無窮). 出典 老子 第7章

천재 불마(千載不磨)
　천 년 후까지 남음. 언제까지나 지워지지 않음.

천재 일우(千載一遇)
　천 년에 한 번 만날 정도의, 다시없는 기회. 좀처럼 만나기 어려운 기회. 千載는 천 년. 出典 袁宏〈三國名臣序讚〉

천재 지변(天災地變)
　자연계에 일어나는 가지가지 재해와 이변. 천재는 자연에 의해서 일어나는 재해. 지진·태풍·낙뢰·홍수 등.

천지 개벽(天地開闢)
　세계의 시작. 하늘과 땅이 처음으로 열림. 중국 고대 사상에 의하면, 하늘과 땅은 본디는 하나로 구별이 확실하지 않았으나, 이윽고 둘로 나뉘었다 함.

천지 무용(天地無用)
　파손될 염려가 있는 것을 수송하는 경우에, 포장한 짐의 곁에 표하여, 위쪽과 아래쪽이 뒤바뀌어서는 안 된다는 표시.

천지 신명(天地神明)
　하늘과 땅의 신들. 우주를 주

재하는 신령.

천진 난만(天眞爛漫)
　언행 등이 조금도 거짓으로 꾸민 데가 없이, 있는 그대로임. 티없이 깨끗하고 아무 걱정이 없음.

천차 만별(千差萬別)
　여러 가지가 있어서, 서로 다른 상태.

천추 만세(千秋萬歲)
　천년 만년의 뜻으로, 영구·영원. 또 그것을 바라는 말. 장수(長壽)를 축하하는 말. 出典 韓非子 顯學篇

천축 낭인(天竺浪人)
　주소가 확실하지 않은 떠돌아 다니는 사람.

천편 일률(千篇一律)
　여러 편의 시나 문장이, 변화 없이 모두 같은 내용, 같은 율조임. 곧 모두가 같아서 잘되고 못하고가 없음을 이름. 出典 藝 苑巵言

천하 일매(天下一枚)
　천하의 모든 것이 다 같음. 온 세상 사람에 공통임.

천하 태평(天下泰平)
　온 세상이 근심없이 잘 다스려져 있음.

천학 비재(淺學菲才)
　학문이나 지식이 미숙하고 재능이 모자람. 학자가 자기를 낮추어 말할 때 씀.

천향 국색(天香國色)
　미녀를 칭찬하는 말. 더없이 향기롭고 뛰어나게 아름다운 것.

철두 철미(徹頭徹尾)
　처음부터 끝까지 방침을 바꾸지 않고, 생각을 철저히 관철함.

철부 경성(哲婦傾城)
　여성이 지나치게 똑똑해도 못 쓴다는 뜻. 영리한 여성은 정치에 참견하여 나라를 망친다는 뜻.

철부지급(轍鮒之急)
　轍鮒는 수레바퀴의 자국에 괸 거의 말라가는 물에서 괴로워하는 붕어. 즉, 사람의 눈앞에 위급한 상태가 닥쳤음의 비유.

철심 석장(鐵心石腸)
　철석같이 견고한 정신. 어떤 일에도 동하지 않는 강한 의지의 비유.

철중 쟁쟁(鐵中錚錚)
　쇠 중에서도 쟁쟁하게 울림. 곧 같은 종류 가운데서도 특히 뛰어남을 이름. 出典 後漢書 劉 盆子傳

첩첩 남남(喋喋喃喃)

작은 목소리로 즐겁게 이야기를 주고받는 모습. 남녀가 정답게 속삭이는 모습.

청경 우독(晴耕雨讀)

갠 날은 밖에 나가서 논밭을 갈고, 비 오는 날은 집에서 책을 읽듯이, 뜻대로 한가로이 지냄.

청렴 결백(淸廉潔白)

마음이 맑아, 사사로운 욕심을 부리거나, 부정(不正)을 하지 않음. 뒤가 구린 데가 없음. 곧 행동이 용감하고, 사리 사욕을 꾀하는 마음이 없음을 이름.

청산 일발(靑山一髮)

아득히 멀리 보이는 산을 한 가닥 머리털에 비유한 말. 즉, 아득히 멀리 흐려 보이는 산.

청운지사(靑雲之士)

고위 고관으로 입신 출세한 사람. 학덕이 높은 사람. 또 속세를 떠나 숨어 사는 선비를 이름. 出典 史記 伯夷傳

청천 백일(靑天白日)

푸른 하늘에 빛나는 태양처럼, 마음에 꺼림칙한 것이 없음. 또 무죄임이 밝혀짐. 出典 韓愈 〈與崔群書〉

청천 벽력(靑天霹靂)

맑게 갠 날 갑자기 일어나는 우레란 뜻으로 뜻밖의 돌발적인 사변의 비유. 본래는 필세(筆勢)의 세참을 이르던 말. 出典 陸游 〈九月四日鷄未鳴起作詩〉

청출어람(靑出於藍)

쪽이라는 풀로 만든 푸른 물감의 푸른빛이 쪽보다 더 푸름. 곧 열심히 학문에 정진하면 스승보다 뛰어날 수 있다는 뜻이다. 出典 荀子 勸學篇

청탁 병탄(淸濁倂呑)

선악(善惡)을 가리지 않고, 있는 그대로를 받아들임. 도량이 큼을 이름.

청풍 명월(淸風明月)

상쾌하고 서늘한 바람과 밝고 맑게 빛나는 달. 자연을 마음껏 즐김. 同 청풍 낭월(淸風朗月). 出典 李白 〈襄陽歌〉

청호 우기(晴好雨奇)

갠 날에는 좋은 경치를 보이고, 비 오는 날에는 기이한 경관을 보임. 언제나 경관이 좋음.

초근 목피(草根木皮)

풀의 뿌리와 나무의 껍질. 특히 한방의 약재, 곧 한방의 약을 이름. 또 영양가가 적은 나쁜 음식. 가물 때에 이것으로 연명함. 出典 金史 食貨志

초두 난액(焦頭爛額)

머리를 그슬리고 이마를 데어

가며, 위험을 무릅쓰고 불을 끄는 일을 함. 곧 사변의 소용돌이 속에 뛰어들어 이리저리 바삐 다님. 出典 漢書 霍光傳

초두 천자(草頭天子)

지나가는 사람을 위협하여 금품을 강탈하는 강도의 두목. 초두는 잎 끝의 이슬로, 오래 계속되지 않음의 비유. 出典 京本通俗小說 馮玉梅團圓

초려 삼고(草廬三顧)

우수한 인재를 얻기 위해서는 그에 상응하는 예의를 갖추어 대우해야 한다는 비유. 중국 삼국 시대, 난세를 피하여 암자에 숨어 살던 공명(孔明)을 유비(劉備)가 몸소 세 번이나 찾아가 군사(軍師)로 모실 수가 있었다는 고사. 出典 蜀志

초망지신(草莽之臣)

벼슬하지 못하고 민간에 있는 사람을 이름. 또 신하인 자가 자기를 낮추어 이르는 말. 出典 孟子 萬章

초모 위언(草茅危言)

민간에 있어서 국정(國政)에 듣기 싫은 유익한 말을 함. 초모는 민간에 있음. 위언은 과격한 듣기 싫은 말이나 주장. 出典 李覯〈袁州學記〉

초목 개병(草木皆兵)

산과 들의 풀과 나무까지도 모두 적병에게 들킨다는 뜻. 곧, 적의 힘을 두려워하는 나머지, 하찮은 것에도 겁을 내는 상태의 비유. 또, 군대의 기세가 성함을 이름. 同 풍성 하려(風聲鶴唳). 出典 晉書 苻堅載紀

초목 노생(草木怒生)

풀이나 나무가 봄이 되어, 일제히 싹을 틔움. 怒生은 확실히 생겨남을 이름.

초미지급(焦眉之急)

눈썹을 태울 만큼 불길이 다가온다는 뜻에서 그대로 방치할 수 없는 매우 위험한 재난이 몸에 닥치고 있음. 사태가 절박함을 이름. 出典 五燈會元

초월 동주(楚越同舟)

사이가 좋지 않은 초(楚)나라와 월(越)나라가 같은 배를 탐. 서로 사이가 나쁜 두 사람이 같은 장소에 있음의 비유. 초월은 중국 전국 시대의 초나라와 월나라로, 서로 적대 관계에 있었음. 同 오월 동주(吳越同舟).

초지 관철(初志貫徹)

최초에 정한 뜻을 밀고 나아가 목적을 이룸.

촌마 두인(寸馬豆人)

한 치(약 3센티미터)쯤으로 보이는 말과 콩알만하게 보이는 사람이라는 뜻에서, 멀리 떨어져 작게 보이는 사람과 말. 특히 그림 속의 먼데 있는 사람과 말을 이름. 出典 荊浩 〈畫山水賦〉

촌선 척마(寸善尺魔)
　한 치의 선과 한 자의 마라는 뜻에서, 좋은 일에는 반드시 나쁜 일이 따른다는 비유. 세상에는 좋은 일은 적고, 나쁜 일이 많음을 이름.

촌전 척택(寸田尺宅)
　좁은 밭과 작은 집의 뜻에서, 얼마 안 되는 재산. 또 자기의 자산을 겸손하게 하는 말.

촌진 척퇴(寸進尺退)
　한 치 나아가고 한 자 물러섬. 조금 나아가고 많이 물러섬. 또 얻은 것이 적고, 잃은 것이 많음의 비유. 出典 老子 第69章

촌철 살인(寸鐵殺人)
　단 한 치밖에 안 되는 쇠로 사람을 죽임. 곧 한 마디 말과 글로써 상대방을 당황하게 하거나 감동시킴을 이름. 出典 鶴林玉露

추도지말(錐刀之末)
　뾰족한 송곳 끝처럼 아주 작은 사물의 비유. 또 얼마 안 되는 이익. 出典 春秋左氏傳 昭公六年

추상 열일(秋霜烈日)
　가을의 찬 서리와 여름의 뜨거운 햇살. 모두가 세차고 엄한 것이므로, 권위·형벌 따위가 엄숙함의 비유.

추지 대엽(麤枝大葉)
　거친 가지, 커다란 잎이라는 뜻에서, 문장을 지을 때, 작은 것에 얽매이지 않고, 느긋하고 대범하게 붓을 놀리는 모양. 出典 朱子語類

추풍 삭막(秋風索莫)
　옛날 누렸던 권세는 간 곳이 없고 초라한 모습.

춘인 추사(春蚓秋蛇)
　봄 지렁이와 가을 뱀. 글씨의 획이 가늘고 꾸불꾸불 비뚤어져 서투름의 비유. 出典 晉書 王羲之傳

춘일 지지(春日遲遲)
　봄날이 화창하고 조용함. 出典 詩經 豳風 七月篇

춘풍 태탕(春風駘蕩)
　봄바람이 온화하게 부는 모양. 또 인품이나 성격이 온화하고 여유가 있음의 비유.

춘풍 화우(春風化雨)
　온화하게 부는 봄바람과 알맞은 양의 비. 자연이 만물을 육성하는 힘. 이를 교육에 비유하

여, 인재 육성을 위한 훌륭한
교육의 뜻.

출람지예(出藍之譽)
　제자가 스승보다 나음을 이
름. 出典 荀子 勸學篇

출리 생사(出離生死)
　불교에서 괴로움・미혹을 벗
어나, 깨달음의 경지에 듦. 이
승을 떠나서 안락 세계로 감.

출처 진퇴(出處進退)
　벼슬하는 것과 물러나 있음.
또 직책에 있는 것과 사직하는
것.

충간 의담(忠肝義膽)
　정의(正義)를 중히 여겨, 충
성을 다하려는 굳은 결의.
出典 宋史 王應麟傳

취마 억측(揣摩臆測)
　자기의 생각으로, 남의 생각
을 미루어 헤아리는 것. 또 사
정을 이것저것 근거도 없이 미
루어 살피는 것. 出典 戰國策
秦策

취모 구자(吹毛求疵)
　상처를 찾으려고 털을 불어
헤침. 억지로 남의 작은 허물
을 들추어냄을 이름.

취모 멱자(吹毛覓疵)
　→ 취모 구자(吹毛求疵).

취모지검(吹毛之劍)
　바람에 날리는 작은 터럭도
자르는 긴 칼이라는 뜻. 대단
히 잘 드는 긴 칼. 出典 杜甫
〈二十韻詩〉

취보 반산(醉步蹣跚)
　술에 취하여 비틀거림.

취사 선택(取捨選擇)
　필요한 것은 골라 가지고,
불필요한 것은 버림.

취생 몽사(醉生夢死)
　일생을 아무 일도 안 하고
지냄. 술에 취하여, 꿈 속에
있는 것 같은 기분으로 들떠서
일생을 보냄. 出典 程子語錄

취안 몽롱(醉眼朦朧)
　술에 취하여 눈이 흐려, 앞
이 똑똑히 보이지 않는 상태.

취장 홍규(翠帳紅閨)
　녹색 방장과 홍색의 침실,
아름답게 꾸민 귀부인의 침실.

측은지심(惻隱之心)
　남의 불행을 불쌍히 여기고,
가엾게 여기는 마음. 出典 孟
子 公孫丑上

치란 흥망(治亂興亡)
　세상이 어지러워, 각지에서
영웅이 나타나, 저마다 세력을
떨치는 다툼・흥망을 되풀이함.

치인 설몽(痴人說夢)

어리석은 사람의 꿈 이야기. 곧 종잡을 수 없이 되는 대로 지껄이는 말을 이름. 出典 冷齋夜話

치주 고회(置酒高會)

성대한 연회를 엶. 또 그 연회.

칠당 가람(七堂伽藍)

절로서 갖추어야 할 일곱 당우, 또 그것을 갖춘 절.

칠보지재(七步之才)

시를 짓는 재주가 뛰어난 데다가 빨리 지음. 위(魏)나라의 조식(曹植)이, 형인 조비(曹丕)가 시켜서, 일곱 걸음 걷는 동안에 한 수를 지었다는 옛일. 出典 世說新語

칠전 팔기(七顚八起)

일곱 번 넘어지고 여덟 번 일어난다는 뜻으로, 여러 번 실패해도 꺾이지 않고 일어남. 한두 번 실패쯤으로는 낙담하지 않고 견디어 냄.

칠전 팔도(七顚八倒)

일곱 번 넘어지고 여덟 번 거꾸러짐. 실패를 거듭하거나 몹시 고생함. 出典 朱子語類

칠종 칠금(七縱七擒)

적을 일곱 번 해방해 주고, 그 적을 또 일곱 번 사로잡음. 중국 삼국 시대의 촉(蜀)나라 명장 제갈 공명(諸葛孔明)이 적의 장수 맹획(孟獲)을 사로잡았는데, 맹획이 "상대를 지나치게 평가해서 패했다"고 하므로, 이쪽 진형을 알려 주었는데, "그걸 알았다면 지지는 않았다."고 말했다. 그렇다면, 한 번 더 싸워 보자고 풀어 주고, 다시 싸웠으나, 또 맹획은 사로잡혀, 그 뒤로 맹획은 공명에게 복종하고 배반하지 않았다는 옛일. 出典 三國志 蜀志 諸葛亮傳注

칠진 만보(七珍萬寶)

모든 진귀한 보물.

침사 묵고(沈思默考)

→심사 숙고(深思熟考).

침소 봉대(針小棒大)

바늘처럼 작은 것을 막대기만큼 크게 떠벌림. 사물을 과장해서 말함.

침어 낙안(沈魚落雁)

고기는 부끄러워서 물 속으로 들어가고 기러기는 부끄러워서 땅에 떨어진다는 뜻으로, 미인의 형용. 出典 莊子 齊物論

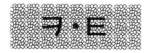

쾌도 난마(快刀亂麻)

엉킨 삼을 잘 드는 칼로 자르 듯이, 복잡하게 얽힌 사물이랑 비꼬인 문제들을 솜씨있고 바르게 처리함.

쾌락 불퇴(快樂不退)

쾌락이 오래 지속되어, 도중에 그치지 않는 모양.

타국 삼계(他國三界)

다른 나라가 멀리 떨어져 있는 곳.

타력 본원(他力本願)

불교에서 자기 수행(修行)의 공덕에 의하지 않고, 오직 아미타불(阿彌陀佛)의 본원에 의해서 구제됨을 이름. 또 무슨 일을 하는 데 있어, 오직 남의 힘을 믿는 것.

타산지석(他山之石)

다른 산에서 나는 거칠고 나쁜 돌도, 숫돌로 쓰면, 자기의 옥을 갈 수가 있다는 데서, 다른 사람의 하찮은 언행이라도 자기의 지덕(知德)을 연마하는 데 도움이 됨의 비유. 出典 詩經 小雅 鶴鳴篇

타생지연(他生之緣)

낯모르는 사람끼리 길에서 소매를 스치듯이, 아무리 사소한 일이라도, 모두가 전생의 깊은 인연에 의한 것이라는 불교의 생각. 타생은 전생.

타성 일편(打成一片)

불교의 선종에서, 모든 일을 잊고 좌선 공부를 하는 것. 천차 만별의 사물의 상(相)을 유일 평등이라고 보는 것. 곧, 남을 돌보지 않고 하나의 일에만 마음을 씀을 이름. 同 일심 불란(一心不亂).

타초 경사(打草驚蛇)

풀을 때리어 뱀을 놀라게 함. 곧 책략이 사전에 새어 나가, 적이 알고 대비함의 비유.

탁려 풍발(踔厲風發)

논의가 날카로워 바람처럼 세차게 입에서 나옴. 재기(才氣)가 뛰어나 다른 것과는 비교가 안 되는 상태. 出典 韓愈〈柳子厚墓誌銘〉

탄주지어(吞舟之魚)

배를 삼킬 만큼 큰 물고기.

큰 물고기도 물을 떠나면, 하늘밥도둑(땅강아지)이나 개미의 먹이가 되고 만다. 성인·현자도 그 지위를 잃으면 소인에게도 업신여김을 당함의 비유. 出典 莊子 庚桑楚篇

탄환 흑자(彈丸黑子)

탄환이나 까마귀만한 아주 협소한 땅. 곧, 극히 작은 것의 비유.

탈정 종공(奪情從公)

어버이의 상을 지내는 사람의 효심을 빼앗는다는 뜻으로, 상중에 있는 사람에게 상복을 벗고 관청에 나오기를 명하여 공무를 보게 하는 것.

탐부 순재(貪夫徇財)

욕심 많은 사람은, 돈 때문이라면 몸의 위험 따위는 돌보지 않고 무슨 짓이든지 한다. 貪夫는 욕심 많은 남자. 徇財는 돈 때문에 목숨을 버리는 일이란 뜻. 出典 史記 伯夷傳

태산 명동(泰山鳴動)

큰 산이 울리고 흔들리므로, 어떻게 되나 하고 긴장해서 지켜 보고 있는데, 뛰어나온 것은 쥐 한 마리뿐이었다는 데서, 예고는 떠들썩하고, 실제의 결과는 작은 것의 비유.

태산 북두(泰山北斗)

어느 하나의 길에서 가장 높아, 사람들의 목표로서 우러르고 존경받는 사람의 비유. 제일인자. 태두(泰斗)는 태산 북두의 준말. 出典 唐書 韓愈傳

태산 양목(泰山樑木)

산 중의 높고 큰 산, 지붕을 받치는 대들보처럼 의지가 되는 사람. 또 의지할 수 있는 거룩한 것의 비유. 出典 禮記 檀弓篇

태연 자약(泰然自若)

변이 생겨도 침착하여, 자연 그대로 있음. 침착하여 무슨 일에도 움직이지 않는 모양.

토붕 와해(土崩瓦解)

흙이 무너져 떨어지고, 기와가 흩어져 떠나듯이, 사물의 근본이 무너져 손을 댈 수 없는 상태의 비유. 土崩은 사물의 근본이 무너짐. 瓦解는 위에서 부분적으로 무너짐을 이름. 出典 史記 秦始皇紀論

토사 구팽(兎死狗烹)

토끼를 잡으면 토끼를 몰아준 개가 필요 없으므로 사냥개는 삶아서 먹음. 필요할 때는 사용하고 필요 없을 때는 버린다는 뜻. 出典 史記 越世家

토악지로(吐握之勞)

뛰어난 인물을 얻으려고 노력

하는 것. 同 악발 토포(握髮吐
哺). 出典 漢書 蕭望之傳

토우 목마(土牛木馬)

흙으로 만든 소와 나무로 만
든 말. 모양은 아무리 진짜 같
아도 논밭을 갈고 짐을 나르지
는 못한다. 곧 문벌이 있고 재
주가 없는 사람을 깔보아 낮추
어 이름. 出典 關尹子 八籌

토주 오비(兎走烏飛)

토끼가 달리고 까마귀가 난
다. 토끼는 달을 보고 새끼를
밴대서 달을, 까마귀는 태양 속
에 발 셋 가진 까마귀가 산대
서, 해·태양을 뜻한다. 곧 세

월이 빨리 감을 이름. 出典 莊
南傑 〈傷歌行〉

토포 악발(吐哺握髮)

훌륭한 인재를 맞아들이려고
애씀의 비유. 同 토포 착발(吐
哺捉髮). 出典 史記 魯世家

토호 열신(土豪劣紳)

중국에서 관료나 군벌과 결탁
하여 농민을 착취하던 대지주나
자본가를 국민 혁명 당시의 노
동 운동가가 일컫던 말.

특필 대서(特筆大書)

특별히 드러나게 큰 글자로
씀. 同 대서 특필.

파경 부조(破鏡不照)

　깨진 거울이 본디대로 될 수 없듯이 한번 헤어진 부부는 다시 맺어지기 어렵다는 뜻.

파경 중원(破鏡重圓)

　전란 따위에서 생이별한 부부가 무사하게 다시 만나는 것. 중국의 남북조 시대, 진(陳)나라가 수(隋)나라 문제(文帝)에게 망했을 때, 시종(侍從)인 서덕언(徐德言)은 거울을 두 쪽을 내어, 그 한 쪽을 아내에게 주고, 다시 만났을 때의 증거로 삼기로 했다. 그 뒤에 다시 만나 고향으로 돌아갈 수가 있었다는 옛일로 부부의 이혼을 '파경'이라고 하게 되었다. 出典 太平廣記

파계 무참(破戒無慙)

　계율을 깨뜨리고 조금도 부끄러워하지 않음.

파라 척결(爬羅剔抉)

　긁어 모으거나 캐어 냄. 곧 숨은 인재(人材)를 널리 찾아내어 등용함. 또 남이 숨기고 있는 비밀이나 결점을 파헤침. 出典 韓愈 〈進學解〉

파란 만장(波瀾萬丈)

　波는 잔 물결 瀾은 큰 물결. 사물의 기복·변화가 대단히 심함을 이름.

파부 침선(破釜沈船)

　솥을 깨뜨리고 배를 가라앉힘. 싸움터로 나아감에 있어, 군사들이 먹을 밥을 짓는 솥을 깨뜨리고 배를 가라앉히는, 결사의 각오로 싸움. 초(楚)나라의 항우(項羽)가 진(秦)나라와 거록(鋸鹿)에서 싸웠을 때, 강을 건너는 배를 가라앉히고, 솥이랑 시루를 깨뜨려 크게 이긴 옛일. 出典 史記 項羽紀

파사 현정(破邪顯正)

　그릇되고 비뚤어진 생각을 타파하고, 바른 도리를 나타냄. 거짓을 깨뜨림은 그 생각을 고치는 것으로, 그대로 정도(正道)가 됨.

파안 일소(破顏一笑)

　얼굴을 부드럽게 하여 활짝 웃음.

파죽지세(破竹之勢)

　도저히 그칠 수 없는 세찬 기

세. 대는 한쪽 끝에 칼자국을 내면 단번에 쭉 쪼개지므로, 군세 따위가 맹렬한 기세로 나아가는 것. 기원 280년에 진(晉)나라가 오(吳)나라를 무찔렀을 때, 진의 장군 두예(杜預)가 "지금, 군의 사기는 매우 높다. 이를테면, 대를 쪼개는 것과 같다. 한쪽 끝에 칼자국만 내면 저절로 쪼개져 나간다."라고 말하고, 단숨에 공격하여 오나라 군사는 싸우지도 못하고 항복했다는 옛일. 出典 晉書 杜預傳

파천황해(破天荒解)

전인이 이루지 못한 일, 곧 전대 미문, 전인 미도의 경지를 여는 것. 파천황의 어원.

팔굉 일우(八紘一宇)

땅의 끝까지도 하나의 집으로 함. 세계를 하나의 집으로 함.

팔면 영롱(八面玲瓏)

어느 면이나 투명하여 아름다움. 또 마음에 바르지 않거나 흐린 데가 전연 없음. 남과의 교제를 잘하고, 사람의 마음을 끈다는 뜻. 同 팔방 미인(八方美人). 出典 馬熙〈開窓看雨〉

팔면 육비(八面六臂)

여덟 개의 얼굴과 여섯 개의 팔. 불상(佛像)에 있음. 곧 뛰어난 능력을 갖고, 다방면에 눈부신 수완을 발휘함. 同 삼면 육비

(三面六臂).

팔방 미인(八方美人)

다방면에 능통한 사람, 미인.

패류 잔화(敗柳殘花)

마른 버드나무와 끝판에 핀 꽃. 용모와 안색이 쇠한 미인의 모습을 이름. 出典 西廂記

편방 관각(偏旁冠脚)

한자를 구성하는 부분의 명칭. 곧, 변·방·관·각.

편언 척구(片言隻句)

몇 마디 안 되는 짧은 말. 同 편언 척어(片言隻語). 편언 척사(片言隻辭).

평담 속어(平談俗語)

일상 회화에 나오는 극히 보통의 말.

평신 저두(平身低頭)

엎드려 땅에 머리를 대다. 공경하여 두려워하는 모습.

평온 무사(平穩無事)

온화하여 아무것도 변한 일이 없음.

평지 풍파(平地風波)

고요한 땅에 바람과 물결을 일으킴. 곧 공연한 일을 만들어서 뜻밖의 분쟁을 일으키거나 사태를 어렵고 시끄럽게 만듦을

이름. 出典 劉禹錫〈竹枝詞〉

평평 범범(平平凡凡)
　뛰어난 점이 없이 보통임.

폐불 훼석(廢佛毀釋)
　불법을 배척하고, 석가의 가르침을 버림. 불교 배척 운동.

폐월 수화(閉月羞花)
　이 이상 가는 미인은 없다는 뜻. 곧 절세의 미녀의 비유. 진(晋)나라 헌공의 애인 여희(麗姬)는 절세의 미녀로, 그녀를 본 달도 못미처 구름 속에 모습을 숨기고, 꽃도 부끄러워했다는 고사.

폐의 파모(弊衣破帽)
　해진 옷과 뚫어진 모자.

폐절 풍청(弊絶風淸)
　악행과 악습이 끊이어 풍습이 새로워져서 좋아짐. 정치가 잘된 상태의 비유. 出典 周敦頤〈拙賦〉

폐호 선생(閉戸先生)
　밖에 나가지 않고, 집에 들어박혀 독서만 하는 사람. 초나라의 손경(孫敬)은 항상 문을 닫고 독서에 열중하여, 잠이 오면 목에 건 새끼를 대들보에 걸어서, 자지 않으려고 했으나, 어느 날 거리에 나가서 사람들이 이상히 여겨 "폐호 선생이 왔다."

고 외쳤다는 옛일에서 나온 말. 出典 楚國先賢傳

포관 격탁(抱關擊柝)
　문지기와 야경. 신분이 낮은 관리. 出典 孟子 萬章下

포락 지형(砲烙之刑)
　기름을 칠한 구리 기둥을 숯불 위에 놓고 죄인으로 하여금 건너가게 하여 미끄러져 떨어지면, 숯불에 타 죽게 하는 형벌. 出典 史記 殷紀

포류지질(蒲柳之質)
　갯버들잎은 가을에 가장 먼저 떨어지므로, 나이보다 빨리 늙어 버리는 체질을 말함. 또 체질이 대단히 약함의 비유. 出典 世說新語 言語篇

포만 무례(暴慢無禮)
　하는 짓이 난폭하고 거만하여 무례함.

포말 몽환(泡沫夢幻)
　물 위에 뜨는 거품과 꿈. 인생의 덧없음의 비유.

포식 난의(飽食暖衣)
　배불리 먹고, 따뜻하게 입고, 아무 부자유없이 안락하게 지내는 것. 同 난의 포식. 出典 孟子 滕文公上

포신 구화(抱薪救火)

땔나무를 안고 불을 끄러 간다. 재해를 방지하려다가, 자기도 말려들어가 자멸하고 만다. 또 재해를 막으려다가 도리어 손해를 크게 입는다. 出典 史記 魏世家

포연 탄우(砲煙彈雨)
총포의 연기와 비 오듯하는 탄환.

포의지교(布衣之交)
布衣는 베옷으로 서민의 옷. 곧 벼슬이 없는 선비·서민끼리의 교제. 신분이나 지위를 떠나, 이익 따위를 바라지 않는 교제. 同 포의지우(布衣之友). 出典 史記 藺相如傳

포편지벌(蒲鞭之罰)
부들 가지의 회초리로 죄인을 때림. 겉보기에는 벌을 주는 것 같지만, 고통을 주지 않으므로, 너그러운 정치를 말함. 出典 漢書 劉寬傳

포학 무도(暴虐無道)
성질이 횡포하고 잔학하여 도덕성이 없음.

포호 빙하(暴虎馮河)
용기가 지나쳐 사나운 범에게 맨손으로 맞서고 황하(黃河)를 배 없이 헤엄쳐 건넌다는 뜻으로 혈기가 왕성하여 무모한 짓을 함을 이름. 出典 論語 述而篇

포호 함포(咆虎陷浦)
큰소리쳐서 떠들기만 하고 일을 이루지 못함.

표리 부동(表裏不同)
마음이 음충맞아서 겉과 속이 다름.

표리 일체(表裏一體)
겉과 안이 일치하다. 안팎이 같다. 말하는 것과 마음속이 다르지 않다. 또 둘의 관계가 밀접하여 뗄 수 없다.

표사 유피(豹死留皮)
호랑이는 죽어서 가죽을 남긴다는 뜻. 표를 호(虎)로도 쓰고, 인사 유명(人死留名)이 붙어, 사람은 죽어서 이름을 남겨야 한다는 말. 出典 五代史 王彦章傳

품행 방정(品行方正)
품성과 행실이 바름.

풍광 명미(風光明媚)
산수의 경치가 맑고 아름다움.

풍근 다력(豊筋多力)
글자의 골격이 단단히 살이 붙어, 필력이 웅혼(雄渾)함을 말함.

풍급 천고(風急天高)
가을 날씨는 때로 센바람이

불고, 하늘은 푸르고 높고 맑은 모양.

풍기 문란(風紀紊亂)
　풍속이나 풍습상의 규율이 흐트러지는 것. 특히 남녀간의 도덕, 교제의 절도가 흐트러지는 것.

풍류 운사(風流韻事)
　자연과 친하여, 시가 따위를 지어서 즐김.

풍림 화산(風林火山)
　싸움터에 있어서의 군세의 행동 지침. 싸우지 않고 이기는 것이 최선이라는 손자(孫子)의 병법은, 전쟁에서는 항상 적에게 한 명도 잃지 않고, 적을 무찌르기 위해, 공격할 때에는 바람처럼 빨리, 행동할 때에는 숲처럼 정연하게, 군세에 침공할 때에는 요원의 불처럼 기세좋게, 군세가 주둔할 때에는 침착하기를 산처럼, 적의 눈을 숨길 적에는 은밀하게 행동하고, 한번 행동을 일으켰으면 우레처럼 하여 적에게 지킬 틈을 주지 않도록 해야 한다는 설. 出典 孫子

풍성 학려(風聲鶴唳)
　서력 383년, 8만의 동진(東晋)의 군세가, 회하(淮河) 상류인 비수(淝水)에서, 전진(前秦)의 백만 남정군(南征軍)을 계략으로 단번에 무찌른 옛일로, 패

해 달아나는 진의 군사는, 바람소리나 학의 울음소리를 들어도, 모두 적병인 줄 알고 두려워한 데서, 기가 죽어 하찮은 일에도 놀라고 두려워한다는 말임. 곧 겁이 많은 사람의 모습. 出典 晋書 謝玄傳

풍속 괴란(風俗壞亂)
　세상의 풍속과 풍습을 무너뜨려 어지럽게 함.

풍속 습관(風俗習慣)
　생활상의 관습이나 관례. 사회의 풍습.

풍수지탄(風樹之嘆)
　風樹는 〈시경〉의 해설서인 〈한시외전〉에 있는 "나무가 고요하려 하나 바람이 자지 않고, 자식이 되어 봉양하려 하나 어버이가 기다려 주지 않는다."에서, 돌아간 어버이를 생각하는 마음을 말함. 곧, 부모에게 효도를 다하려고 생각했을 때에는, 이미 돌아가서 그 뜻을 이룰 수 없음을 한탄함의 비유. 同 풍목지비(風木之悲). 出典 說苑 敬愼篇

풍전 등화(風前燈火)
　바람 앞의 등불이라 언제 꺼질는지 모르는 위급함을 이름.

풍찬 노숙(風餐露宿)
　바람부는 한데서 식사를 하

고, 이슬에 젖으면서 들에서 잠.
出典 陸游〈宿野人家詩〉

풍취 신록(風吹新綠)
　봄바람에 싹이 나오는 신록의
초목 사이를 상쾌한 바람이 빠
져 나가는 모양. 봄의 화창한
풍정.

풍형 예대(豊亨豫大)
　평화로워 사람들의 향락이 극
도에 이르다. 豊도 豫도 易의
괘명으로, 豊은 성대(盛大), 豫
는 낙(樂). 곧, "성하면 통하고,
즐거우면 크다."로, 천하 태평을
뜻함. 豊亨이란 부(富)가 많고
덕이 갖추어져, 막고 방해하는
것이 없음. 出典 易經 豊卦·豫
卦

피로 곤비(疲勞困憊)
　피로에 지치는 것.

피리 양추(皮裏陽秋)
　입밖에 내지 않고 마음속으로
가부(可否)를 결정하는 일. 피
리(皮裏)는 피부의 안, 곧 심중
(心中)이고 양추(陽秋)는 공자
(孔子)가 지은 춘추(春秋)임.

出典 晋書 褚裒傳

피상 천박(皮相淺薄)
　외관만으로 천박한 모양. 지
식·사려·학문 따위가 매우 얕
음.

피해 망상(被害妄想)
　다른 사람이 자기에게 해를
입힌다고 생각하는 일.

필경 연전(筆耕硯田)
　문필(文筆)로 생활함. 硯田은
벼루를 밭에다 비유한 것.

필단 풍우(筆端風雨)
　필단은 서화·시문(詩文) 따
위를 쓰고 그리고 짓는 법. 시
문을 짓는 붓의 놀림이, 비바람
이 지나가듯 빠름을 이름.

필부지용(匹夫之勇)
　사려(思慮) 없이 혈기만으로
행동하는 소인의 용기. 완력을
믿는 용기. 出典 孟子 梁惠王下

필주 묵벌(筆誅墨伐)
　남의 죄악을 신문·잡지 따위
에 써서 꾸짖음. 筆誅라고도 함.

하로 동선(夏爐冬扇)

여름의 화로와 겨울의 부채. 때 지나간 쓸모 없는 사물의 비유. 出典 論衡 逢遇篇

하의 상달(下意上達)

일반 대중의 심정, 백성의 생각이 윗사람, 상사나 위정자에게 통함을 이름.

하학 상달(下學上達)

학문은 먼저 가까운 기본부터 배워서, 차례차례로 높고 깊은 단계로 나아가 그것을 깊이 연구함. 出典 論語 憲問篇

한단지몽(邯鄲之夢)

한단이란 지방에서 꾼 꿈. 인간 세상의 영고 성쇠(榮枯盛衰)의 덧없음의 비유. 同 황량 일취(黃粱一炊). 일취지몽(一炊之夢). 出典 沈旣濟〈枕中記〉

한마지로(汗馬之勞)

전장에서 말이 땀을 흘리고 뛰고 달리는 수고. 전장에서 세운 공. 전공(戰功). 곧 사물을 마무리 지을 때, 여기저기 뛰어다니는 수고의 비유. 出典 韓非子, 戰國策

한산 습득(寒山拾得)

한산은 당나라 헌종 때의 고승으로 기행(奇行)이 많기로 알려짐. 한산은 풍간(豊干)에게 사사하였다 함. 스승의 친구인 습득과 함께 낸 시집. 습득은 보현(普賢)의 화신이라 하여 화제(畵題)에 잘 씀. 出典 惠晈 高僧傳

한신 포복(韓信匍匐)

큰 목적을 가진 자는 눈앞의 부끄러움을 참고 이겨 내야 한다는 비유. 한신이 젊었을 때 불량배에게 가랑이를 빠져 나가는 욕을 당했으나 그것을 이겨 내어 뒤에 큰 인물이 되었다는 고사. 出典 史記, 詩經

한양 절충(韓洋折衷)

한국풍의 것과 서양풍의 것을 조화있게 합침.

한우 충동(汗牛充棟)

수레에 실어 운반하면 소가 땀을 흘릴 정도의 양이라는 뜻에서, 책이 대단히 많음을 이름. 出典 柳宗元〈陸文通墓表〉

한운 야학(閑雲野鶴)

푸른 하늘에 조용히 뜬 구름과 들에 노는 학의 뜻에서, 아무런 속박도 받지 않고 유유히 자연과 친하여 즐기면서 생활하는 경우를 이름.

한천 자우(旱天慈雨)

가뭄에 비 내리듯, 곤경에 빠졌을 때, 구원을 받는 비유.

한화 휴제(閑話休題)

쓸데없는 말은 그만두고, 화제를 돌릴 때 쓰는 말.

할계 우도(割鷄牛刀)

작은 일을 처리하는 데는 큰 인물이나 큰 수완이 아니라도 된다는 비유. 닭을 잡는 데 소 잡는 칼. 出典 論語 陽貨篇

합종 연횡(合從連衡)

소진의 합종설과 장의의 연횡설. 중국 전국 시대의, 7개국의 동맹 외교 정책. 出典 史記 孟軻傳

합환 주무(合歡綢繆)

남녀가 깊이 서로 사랑함의 비유.

항룡 유회(亢龍有悔)

하늘 끝까지 올라간 항룡이 더 올라갈 데가 없어, 도로 내려올 수밖에 없듯이, 부귀가 극도에 이르면 패망할 위험을 경계한 말. 出典 易經 乾卦

항산 항심(恒產恒心)

일정한 직업을 가지고, 재산을 가진 자는, 마음이 그만큼 여유가 있으나, 그렇지 않은 자는 정신적으로 불안정하여 하찮은 일에도 동요한다는 것. 出典 孟子 梁惠王上

해로 동혈(偕老同穴)

부부가 살아서는 같이 늙고, 죽어서는 같은 묘에 묻힌다는 뜻에서, 부부의 언약이 굳음을 이름. 또 부부가 정답고 행복하게 지내는 모양. 出典 詩經 鄭風 擊鼓篇

해천 산천(海千山千)

바다에 천 년, 산에 천 년 산 뱀은 용이 된다는 전설에서, 오랫동안 가지가지 경험을 하여 세상 안팎을 다 알아서 못되게 약은 것. 또는 그런 사람.

해타 성주(咳唾成珠)

시문(詩文)의 재능이 극히 풍부함의 비유. 또, 기침과 침이 모두 주옥이 된다는 뜻으로, 권세 있는 사람의 말이 잘 통함을 이름. 出典 莊子 秋水

행시 주뇨(行屎走尿)

가면서 달리면서 대소변을 봄. 일상 생활에서의 흔히 있는 일.

행시 주육(行尸走肉)

살아 있는 송장과 걸어다니는 고깃덩이. 즉, 배운 것이 없어서 쓸모가 없는 사람을 일컫는 말.

행운 유수(行雲流水)

하늘에 떠도는 구름과 흐르는 물. 곧 다른 힘에 거스르지 않고, 자연 그대로 막히지 않고, 유유히 움직이는 모양. 자연에 맡기어 행동함의 비유. 出典 宋史 蘇軾傳

행주 좌와(行住坐臥)

가고 머물고 앉고 누움. 이 네 가지 동작을 불교에서는 사위의(四威儀)라 하여 각각 지켜야 할 규칙이나 제약이 정해져 있음. 곧 일상, 평소의 뜻.

허령 불매(虛靈不昧)

사람이 하늘로부터 받은 덕성이 헤아릴 수 없이 뛰어나, 그 덕을 행하여 바른 품성을 가진 마음은, 눈에는 보이지 않지만 작용은 명백하여 물욕에 어둡지 않음. 마치 만물을 비치는 거울과 같음. 마음의 실체와 작용을 형용한 말. 出典 大學章句 明德 朱子注

허심 탄회(虛心坦懷)

마음에 아무런 사특한 생각이 없이 완전히 안정된 상태. 同 허심 평이(虛心平易).

허유 괘표(許由掛瓢)

요나라 때, 허유는 기산(其山)에 숨어서 가난하게 살므로, 동네 사람이 표주박 하나를 주었으나 쓰지 않고 나뭇가지에 걸어 두었는데, 바람에 흔들리어 나는 소리가 시끄럽다고 떼어버렸다는 옛일. 出典 琴操

허허 실실(虛虛實實)

거짓과 참 등 계략을 써서 힘을 다하여 싸움.

현동 소설(玄冬素雪)

겨울과 흰 눈, 눈이 쌓인 겨울, 또 겨울의 몹시 추움의 비유.

현란 호화(絢爛豪華)

번쩍번쩍 빛나고 아름답고 화려한 모양.

현완 직필(懸腕直筆)

팔을 바닥에 대지 않고 붓을 곧게 쥐고 글씨를 쓰는 자세.

현하지변(懸河之辯)

막히지 않는 변설. 도도히 세차게 흐르는 물처럼 쉴 새 없는 화법(話法). 出典 隋書 儒林傳

형설지공(螢雪之功)

가난하여 등잔을 못 켜고, 여름에는 개똥벌레의 빛으로, 겨울에는 눈빛으로 책을 읽었다는 데서, 고생하며 배운 성과를 이름. 出典 晉書 車胤傳

형영 상동(形影相同)

형체가 구부러져 있으면 그림자도 구부러지고, 형체가 곧으면 그림자도 곧다. 사람의 행동의 선악은, 그 사람의 선악에 달렸음. 出典 列子 說符

형영 상조(形影相弔)

형체와 그 그림자, 자기와 자기의 그림자가 서로 안부를 묻고 서로 위로함. 고독해서 의지할 데 없는 상태에 있음. 類 형단 영척(形單影隻). 出典 李密 〈陳情表〉

형용 고고(形容枯槁)

풀이 시들고 마르듯이, 용모가 살이 빠지고 쇠약해진 상태. 出典 戰國策 秦策

형제 혁장(兄弟鬩牆)

형제가 담장 안에서 싸움. 곧 동족 상잔을 이름.

형처 돈아(荊妻豚兒)

후한의 양홍(梁鴻)의 아내가 가시나무 비녀를 꽂았다는 옛일에서, 자기의 처자를 가리키는 겸손한 말. 어리석은 아내와 어리석은 자녀. 出典 後漢書 梁鴻傳

호가 호위(狐假虎威)

여우가 호랑이의 위엄을 흉내 냄. 곧 능력이나 실력이 없는 사람이 남의 권세를 빌려 위세를 부림. 出典 戰國策 楚策

호구지책(糊口之策)

입에 풀칠을 하여 살 계책. 곧 먹고 살아갈 방법을 이름.

호구 참언(虎口讒言)

남을 궁지에 몰아넣는 고자질이나 헐뜯는 말. 호구는 매우 위험한 지경이나 경우를 이름. 대단히 위험한 사항이나, 장소의 비유.

호마 북풍(胡馬北風)

호마는 중국 북부 지방에서 나는 말. 호마는 남쪽에 와서 북풍을 만나면 머리를 들어 북쪽을 바라본다는 뜻으로 고향은 그리워서 잊기 어렵다는 비유. 出典 古詩

호방 뇌락(豪放磊落)

기개가 장하여, 작은 일에 거리끼지 않음. 뇌락은 도량이 넓고 큼을 이름.

호사 다마(好事多魔)

좋은 일에는 이것저것 방해가 많다는 것. 出典 孟子 萬章上

호사 유피(虎死留皮)

→표사 유피.

호시 탐탐(虎視眈眈)

범이 눈을 부릅뜨고 먹이를 노려보는 모습에서, 상대에게

틈이 있으면 덤벼들려고 기회를 노리는 상태. 出典 易經 頤卦

호연지기(浩然之氣)

호연(浩然)은 넓고 큰 모양을 일컫는 말로, 호연지기란 천지 간에 가득찬 크고 넓은 정기(正氣). 곧 무엇에도 구애를 받지 않는 떳떳하고도 도덕적인 용기 라고 할 수 있음. 出典 孟子 公孫丑上

호접지몽(胡蝶之夢)

꿈에 나비가 되어 훨훨 날아 다녔는데, 나비가 자기인지, 자 기가 나비인지 분간을 못했다는 뜻으로, 자연과 내가 하나가 된 경지를 이름. 出典 莊子 齊物篇

호중지천(壺中之天)

속세와 떨어진 별천지. 선경 (仙境), 유토피아. 술을 마시고 속세를 잊는 즐거움. 出典 後漢書 方術傳下

호혈 호자(虎穴虎子)

무슨 일이든지 큰 위험을 이 기지 않으면 큰 수확을 얻지 못 함의 비유. 범의 굴에 들어가야 범새끼를 잡는다. 出典 後漢書 班超傳

혼정 신성(昏定晨省)

밤에는 부모의 이부자리를 깔 고, 아침에는 안부를 살피고, 자 녀가 어버이를 밤낮으로 잘 모

심을 이름. 出典 禮記 曲禮

홍련 지옥(紅蓮地獄)

팔한 지옥(八寒地獄)의 하나. 모진 추위에 피부가 터져 피를 흘리는 모양이 붉은 연꽃과 같 이 된다고 하는 몹시 추운 지 옥.

홍모 벽안(紅毛碧眼)

빨간 머리털과 파란 눈. 곧 서양인.

화광 동진(和光同塵)

빛을 부드럽게 하여 더러움과 함께 한다는 뜻. 즉 자신이 가 지고 있는 지혜와 덕을 감추어 밖으로 드러내지 않으며 여러 사람들과 어울려 참된 자신을 보여 준다는 말이다. 出典 老子 第4章, 第56章

화룡 점정(畫龍點睛)

용을 그리고 마지막으로 눈동 자를 그려 넣는다는 뜻으로, 사 물의 긴한 부분을 완성시킴을 이름. 出典 水衡記

화복 규묵(禍福糾纆)

화복은 꼰 노와 같이 서로 얽 혀서 재앙이 있으면 복이 있고 복이 있으면 재앙이 있는 법임.

화복 무문(禍福無門)

화나 재난, 불행, 반대로 행복 이라는 것은 모두 우연이나 자

연히 오는 것이 아니고, 자기 자신이 불러들이는 것이라는 뜻. 出典 春秋左氏傳

화서지몽(華胥之夢)
　꿈에 화서 나라에 가서 놀았다는 뜻으로, 무심코 꾼 꿈에서 큰 뜻을 깨달았다는 옛일. 선몽(善夢)이나 길몽(吉夢)을 일컬음. 出典 列子 黃帝篇

화조 월석(花鳥月夕)
　꽃피는 아침과 달 밝은 저녁의 경치. 화조는 2월 5일, 월석은 7월 15일로 봄 가을 두 계절이 좋음을 이름.

화조 풍영(花鳥諷詠)
　자연계나 인간계의 풍물을 무심히 객관적으로 읊음.

화하 쇄곤(花下曬褌)
　꽃 밑에서 고의를 말리는 격으로, 살풍경하고 멋이 없는 모양.

확호 불발(確乎不拔)
　의지가 확고하여, 흔들리지 아니함. 단단하여 꿈쩍도 하지 아니함. 出典 易經 乾卦

환골 탈태(換骨奪胎)
　뼈를 바꿔놓고 탈을 달리 쓴다는 뜻으로, 용모가 전혀 몰라볼 정도로 아름다워지거나 시나 문장이 다른 사람의 손을 거침

으로써 완전히 새로운 뜻과 미(美)를 지니게 되는 것을 말한다. 出典 惠洪 〈冷齋夜話〉

환과 고독(鰥寡孤獨)
　늙은 홀아비·홀어미, 고아, 늙어서 의지할 데 없는 사람. 出典 孟子 梁惠王下

환연 빙석(渙然氷釋)
　얼음이 녹아 흩어지듯이 마음에 한 점의 의심도 남기지 않고, 의혹이나 미혹이 풀림. 出典 杜預 〈春秋左氏傳序〉

환천 희지(歡天喜地)
　하늘을 우러르고 기뻐하고, 땅을 굽어보고 기뻐한다는 뜻에서, 대단히 기뻐함. 또는 그 모양. 出典 水滸傳

활계 환락(活計歡樂)
　지나치게 사치하고 기뻐하고 즐기는 생활.

활발 발지(活潑潑地)
　물고기가 뛰듯이 기세가 성한 모양. 팔팔하게 활동하는 모양. 出典 中庸

활살 자재(活殺自在)
　살리고 죽이기를 마음대로 함. 제 마음대로 다룸.

황당 무계(荒唐無稽)
　말이 허황하고 터무니없어 믿

을 수가 없음.

황도 길일(黃道吉日)

무슨 일을 하든지 가장 좋다는 날. 온갖 흉악이 이 날만은 피한다 함.

황량 일취(黃粱一炊)

부귀와 공명의 덧없음의 비유. 옛날 중국의 노생(盧生)이라는 가난한 젊은이가 조(趙)나라의 서울 한단(邯鄲)에서, 영화(榮華)를 마음껏 누릴 수 있다는 신기한 청자 베개를 선인(仙人)에게서 빌려다가 베고 잤는데, 좋은 아내를 얻고, 대신이되어, 부귀와 영화를 오십여 년 동안 누리며 오래 사는 꿈을 꾸고, 꿈을 깨어 보니 불에 얹은 메조죽은 아직 퍼지지 않았더라는 이야기. 同 한단지몽(邯鄲之夢). 일취지몽(一炊之夢). 出典 沈旣濟〈枕中記〉

회계지치(會稽之恥)

패전의 치욕. 또 패전하여 목숨을 건지려는 치욕. 마음에 새기어 잊지 않는 치욕의 비유. 出典 史記

회광 반조(回光返照)

해지기 직전에 한때 하늘이 밝아지는 현상. 곧 멀지 않아 멸망하려고 하는 것이 한때이지만, 기세가 왕성한 것. 죽기 직전에 잠깐 기운을 돌이키는 것

의 비유.

회자 인구(膾炙人口)

회친 생선과 구운 고기는 다 맛이 있어, 누구나 좋아함. 곧 많은 사람에게 알려지고 칭찬받음을 이름. 出典 王世懋〈藝圃擷餘〉

회자 정리(會者定離)

이 세상은 덧없는 것으로, 인연이 있어서 만난 자도 반드시 헤어지는 운명에 있는 것. 이 세상의 무상(無常)함을 이른 말. 出典 遺教經

후목 분장(朽木糞牆)

조각을 할 수 없는 썩은 나무나, 썩어서 바를 수 없는 흙벽의 뜻으로, 마음이 썩은 사람에게는 교육하기 어렵다는 비유. 또 아무리 해도 손댈 수 없는 것. 同 후목 분토(朽木糞土). 出典 論語 公冶長篇

후생 가외(後生可畏)

나중 태어난 자, 또는 기력·체력이 뛰어난 젊은이는, 앞으로 공부하기에 따라 노력하기에 따라 어느 정도의 역량을 가질는지 모르므로, 그 가능성은 두려울 정도라는 뜻. 出典 論語 子罕篇

후생 대사(後生大事)

내세에서의 안락을 가장 소중

히 함. 믿는 마음으로 선행을 쌓는 것. 사물을 소중히 유지함.

후안 무치(厚顏無恥)
　뻔뻔스럽게 부끄러움을 모름. 낯가죽이 두꺼움.

훈주 산문(葷酒山門)
　비린내나는 고기나 풋내나는 채소, 향기로운 술 따위는 정력을 돋궈서 불도 수행에 방해가 되어, 파계의 원인이 되므로, 절 안에 들여오지 못하게 하는 것. 出典 莊子 人間訓

훈호 처창(焄蒿悽愴)
　焄은 향기, 호는 피어 오르는 모양. 향기가 피어 오르고, 이 세상에 없는 것이 나타나듯이, 신비스런 감정. 出典 禮記 祭義篇

훤훤 효효(喧喧囂囂)
　많은 사람이 저마다 떠들어서 시끄러운 모양.

훼예 포폄(毁譽褒貶)
　칭찬하는 말과 비방하는 말. 出典 漢書 藝文志

흉종 극말(凶終隙末)
　우정을 끝까지 잘 지켜 가지 못함의 비유. 장이(張耳)와 진여(陳餘)는 아주 친한 사이였는데, 후에 장이가 한(漢)의 장수가 되자 친구인 진여를 저수

(泜水)란 강에서 죽였으며, 또 소육(蕭育)과 주박(朱博) 두 사람도 친한 사이였으나 후에 사이가 벌어진 데서 나온 말. 出典 漢書 王丹傳

흑풍 백우(黑風白雨)
　하늘을 어둡게 할 만큼 모래 먼지를 감아 올리고 바람이 거칠게 부는 속에, 빗살이 굵은 소나기가 쏟아짐. 흑풍은 회오리바람, 폭풍. 백우는 소나기.

흔구 정토(欣求淨土)
　극락 정토를 진심으로 바라고 구함. 극락 정토에 다시 태어나기를 간절히 원함. 反 염리 예토(厭離穢土).

흔희 작약(欣喜雀躍)
　참새가 날아 오르듯이 춤춤. 곧 뛰며 기뻐함. 크게 기뻐함.

흥미 삭연(興味索然)
　흥미를 잃어가는 모양. 反 흥미 진진.

흥진 비래(興盡悲來)
　즐거운 일이 다하면 슬픈 일이 옴. 곧 흥망 성쇠가 갈마듦을 이름.

희로 애락(喜怒哀樂)
　기쁨, 노여움, 슬픔, 즐거움. 인간의 여러 가지 감정. 出典 中庸